발달장애인부 교사 길라잡이

이해에서 환대로, 환대에서 동행으로

발달장애인부 교사 길라잡이

이해에서 환대로, 환대에서 동행으로

지은이 최대열·박명화·이상록·왕하늘·태원석·황성재·김병철·박예솔
펴낸이 성상건
디자인 임서영

펴낸날 2026년 3월 26일
펴낸곳 도서출판 나눔사
주 소 (우)10270 경기도 고양시 덕양구 푸른마을로 15, 301동 1505호
　　　　전화 02-359-3429　팩스 02-355-3429
등록번호 2-489호(1988년 2월 16일)
이메일 nanumsa@hanmail.net

ⓒ 최대열 외, 2026

ISBN 978-89-7027-807-0　(03230)
값 25,000원

발달장애인부 교사 길라잡이

–

이해에서 환대로,
환대에서 동행으로

저자 : **최대열·박명화·이상록·왕하늘·태원석·황성재·김병철·박예솔**

나눔사

이 땅의 모든 장애인과 그와 함께하는 가족과 봉사자들을 위하여.

저와 여러분의 장애가 은혜와 축복의 통로가 되고,

사역과 섬김의 도구가 되기를 간절히 소망합니다.

할렐루야! 성 삼위일체 하나님께 모든 감사와 찬송과 영광을 올려드립니다. 이 책은 대한예수교장로회(통합) 발달장애인선교연합회에서 교회 발달장애인부를 섬기는 교사들의 교육을 위해서 발간한 실무형 교재입니다. 이전에 발간한 발달장애인 사역 서적들과 달리 가급적 교사의 입장에서 교회 현장에서 발달장애인부를 섬기는 데 꼭 필요한 자료를 위주로 실었습니다.

현재 발달장애인부를 운영하는 교회는 국내에 약 500개에 달하는 것으로 추정되고 있습니다. 대한예수교장로회(통합)만 하더라도 거의 100개에 이르고 있습니다. 한국 교회에 발달장애인부가 설립된 지 어느덧 40년이 지나서 지금은 그리 낯설지 않은 부서로 자리하고 있습니다만, 그럼에도 불구하고 발달장애인 사역을 위한 교육 자료는 매우 미흡하고 부족한 실정입니다.

거기에는 여러 가지 요인이 있습니다. 현실적으로 교회에서 발달장애인 사역에 많은 관심과 투자를 기울이지 못하고 있기 때문입니다. 실제로 교회에서 발달장애인부가 차지하는 위치가 미약하고, 교회 또한 발달장애인부를 통한 복음 사역에 큰 기대를 갖지 못하고 있습니다. 그것은 발달장애인의 장애 특성상 가시적으로 교회나 사회에서 눈에 보이는 사역의 큰 결과를 얻기 어렵다고 보기 때문입니다. 행사나 프로그램도 그렇거니와 교육 교재를 발간하는 것은 더욱 그렇습니다. 발달장애인을 위한 교육 교재도 투자에 비해 얻을 결과가 가시적이지 않거니와 또 실제로 들어가는 비용 또한 만만치 않습니다. 발달장애인 교육을 위한 교재도 만들기 어려운 형편인데, 발달장애인부를 섬기는 교사 교육을 위한 교재를 만들기란 엄두도 내기 어려운 형편입니다. 현실을 무시할 순 없지만, 교회의 사역은 경제 논리로만 평가되고 재단되어선 곤란합니다. 그것은 오히려 사랑의 논리, 섬김의 논리로, 복음의 논리로 접근해야 합니다.

이에 교회 발달장애인부를 섬기는 일선 교역자들이 나섰습니다. 각자 본인들이 섬기는 교회의 부서 현장에서부터 출발하여 발달장애인부 교사들에게 필요한 자료들을 모았습니다. 지난 2년 동안 짧게는 한두 달, 길게는 서너 달에 한 번씩 모여 각자 준비한 글들을 발제하고 함께 토론하며 보완하는 작업을 거쳤습니다. 발달장애인선교연합회 회장 최대열 목사가 2장 교사론과 3장 신앙론과 5장 예배 매뉴얼, 총무 이상록 목사가 4장 환영 매뉴얼, 9장 캠프와 특별 프로그램, 회계 왕하늘 전도사가 6장 공과 교육, 서기 태원석 전도사가 7장 심방, 그리고 회원 황성재 목사가 8장 부모상담, 회원 김병철 목사가 10장 말씀 암송, 회원 박예솔 전도사가 12장 발달장애인의 도전적 행동 등을 다루었습니다. 그리고 부산장신대 특수교육과 박명화 교수님이 전체를 총괄하는 서언으로 교회 발달장애인 사역 전반에 관하여 글을 써 주셨습니다.

귀한 원고를 내어주신 박명화 교수님과 발달장애인선교연합회의 여러 교역자님들께 감사드립니다. 본 연합회가 산하단체로 속해 있는 대한예수교장로회 총회 사회봉사부(총무 류성환 목사)에 감사드립니다. 본 연합회를 지원해주시고 후원해주시는 명성교회(담임 김하나 목사)에 감사드립니다. 이 책을 출판해주신 나눔사 성상건 사장님과 직원 분들께 감사드리고, 편집 및 디자인을 해주신 임서영 집사님께 감사드립니다. 부디 이 책을 통하여 발달장애인부 교사들이 받은 사명을 귀히 여기고, 수고에 보람을 느끼며, 현장에서 실제적인 도움을 받아 교사의 귀한 직분을 잘 감당할 수 있게 되기를 바랍니다. 그리하여 교회 발달장애인부가 활성화되고, 이 땅의 발달장애인과 그 가족들에게 주님의 귀한 복음과 사랑이 전파되고, 발달장애인이 교회와 사회에서 복음의 일꾼으로 쓰임 받게 되기를 바라고, 나아가 한국 교회가 부흥하고 이 세상의 빛과 소금이 되기를 간절히 소망합니다. 모든 영광을 하나님께 올려드리며, 이 일을 위해 수고해주신 모든 분들께 거듭 감사드립니다.

2026년 2월 13일

발달장애인선교연합회 회장

최대열 목사

목차

———

제1장

서언: 이해에서 환대로, 환대에서 동행으로

—

박명화

"너희가 여기 내 형제 중에 지극히 작은 자 하나에게 한 것이 곧 내게 한 것이니라"(마태복음 25장 40절)

예수님은 마지막 날의 심판을 말하며, 놀라운 기준을 제시한다. 무엇을 믿었는가가 아니라, 누구에게 어떻게 대했는가이다. 그 기준의 중심에는 "지극히 작은 자"가 있다. 세상에서 힘이 없고, 말이 약하고, 설명되지 않는 존재들이다. 예수님은 그들을 가리켜 말한다. 그들에게 한 것이 곧 나에게 한 것이라고. 이 말씀은 발달장애인 사역부 교사에게 추상적인 위로가 아니라 사역의 정체성을 규정하는 선언이다.

발달장애인부 교사가 서 있는 자리는 조용하고, 눈에 띄지 않으며, 때로는 외롭다. 그러나 예수님은 그 자리를 지나치지 않으신다. 오히려 말씀하신다. "네가 지금 나를 섬기고 있다"고.

아이에게 건넨 물 한 컵, 자리를 떠나지 않고 함께 있어 준 시간, 그날 아무 일도 일어나지 않은 것처럼 보였던 그 사역의 하루는 예수님에게는 분명히 기억되는 만남이다. 그러므로 교사는 오늘도 확신할 수 있다. 작은 자에게 한 그 모든 것이, 이미 주님께 드려졌다는 사실을.

예수 그리스도의 사랑 안에서 발달장애인 사역의 현장을 지키시는 교사로 서 있다는 것은, 단순히 지식을 전달하는 자를 넘어 하나님의 형상을 회복해가는 '동행자'로 부름 받았음을 의미한다. 본 교재가 현장에서 고군분투하는 교사들에게 따뜻한 위로와 실제적인 지침이 되기를 소망한다.

발달장애인을 이해하는 첫걸음은 그들을 '결핍된 존재'가 아닌 '특별한 목적을 가진 하나님의 작품'으로 바라보는 관점의 전환에서 시작된다.

발달장애인에 대한 이해

교회는 오래도록 질문해 왔다. "우리는 발달장애인을 어떻게 이해해 왔는가." 오랜 시간 동안 발달장애는 '결핍'이라는 언어로 설명되었다. 할 수 없는 것, 느리게 배우는 것, 사회의 기준에 미치지 못하는 것. 그러나 그 언어는 언제나 조심스러워야 했다. 결핍이라는 말은 설명이 되기도 하지만, 동시에 관계를 멀어지게 하기 때문이다. 성경은 인간을 기능으로 정의하지 않는다. 하나님의 형상은 속도나 효율로 측정되지 않는다. 발달장애인은 '도움의 대상' 이전에, 이미 하나님 앞에서 '완전한 존엄을 지닌 존재'다. 교회가 발달장애인을 이해한다는 말은, 그들의 삶을 교회의 기준에 맞추는 일이 아니라 교회가 그들의 삶 곁으로 이동하는 일에 가깝다. 이해는 설명에서 시작되지만, 관계에서 완성된다. 발달장애에 대한 의학적·교육학적·사회학적 지식은 중요하다. 그러나 교회 현장에서 더 중요한 것은 "이 아이가 지금 무엇을 느끼고 있는가", "이 성도가 예배 속에서 어떤 언어로 하나님을 만나고 있는가"라는 질문이다. 발달장애인과 함께 걷는 교회의 길은 이해에서 소명으로, 지식에서 관계로 나아가야 한다.

우리나라에서는 발달장애인은 통상적으로 지적장애인과 자폐성장애인으로 구분하고 있는데 2000년 『장애인복지법』에서 장애의 개념이 확대되고, 『발달장애인 권리보장 및 지원에 관한 법률』이 2014년에 제정됨에 따라 발달장애인에 대한 정의가 명확해졌다고 할 수 있다.

먼저 『장애인복지법』에 따르면 지적장애인은 '정신 발육이 항구적으로 지체되어 지적 능력의 발달이 불충분하거나 불완전하고 자신의 일을 처리하는 것과 사회생활에 적응하는 것이 상당히 곤란한 사람'으로 정의하고 있고, 자폐성장애인은 '소아기 자폐증,

비전형적 자폐증에 따른 언어·신체표현·자기조절·사회적응 기능 및 능력의 장애로 인하여 일상생활이나 사회생활에 상당한 제약을 받아 다른 사람의 도움이 필요한 사람'으로 정의하고 있다.

이후 『발달장애인 권리보장 및 지원 관한 법률』 제2조에서는 발달장애인을 '지적장애인과 자폐성장애인 그 밖에 통상적인 발달이 나타나지 아니하거나 크게 지연되어 일상에서나 사회생활에 상당한 제약을 받아 다른 사람의 도움이 필요한 사람'으로 정의하고 있다.

장애인 특수교육의 전반적인 내용을 다루고 있는 『장애인 등에 대한 특수교육법』에서는 발달장애라는 용어는 명시하지 않고 지적장애와 자폐성장애를 명시하고 있으며, 지적장애는 '지적 기능과 적응행동상의 어려움이 함께 존재하여 교육적 성취에 어려움이 있는 사람'으로 정의하고 있고, 자폐성장애는 '사회적 상호작용과 의사소통에 결함이 있고, 제한적이고 반복적인 관심과 활동을 보임으로써 교육적 성취 및 일상생활 적응에 도움이 필요한 사람'으로 정의하고 있다.

발달장애의 주요 유형인 지적장애와 자폐성장애를 이해하기 위해 주요 특성을 살펴보면 다음과 같다.

먼저 지적장애의 주요특성을 살펴보면, 지적장애는 단일한 능력의 결핍이 아니라, 발달 전반에 걸친 인지적 기능의 제한과 그로 인한 적응행동의 어려움이 복합적으로 나타나는 상태이다. 지적장애인의 특성은 개인마다 크게 다르며, 동일한 진단명 아래에서도 삶의 모습은 전혀 같지 않다. 따라서 지적장애에 대한 이해는 '무엇을 못하는가'가 아니라 '어떤 방식으로 세계를 인식하고 반응하는가'를 살피는 데서 출발해야 한다.

◑ 인지 특성

지적장애인의 인지적 특성은 정보 처리의 속도와 방식에서 뚜렷이 드러난다. 일반적으로 사고 처리 속도가 느리고, 한 번에 여러 정보를 동시에 다루는 데 어려움이 있다. 추상적인 개념이나 상징적 사고보다는 구체적이고 실제적인 대상, 경험 중심의 사고에 강점을 보인다. 예컨대 '규칙'이나 '원칙'과 같은 추상어보다는 실제 상황 속에서 무엇을 어떻게 해야 하는지를 보여주는 '예배시간에는 자리에 앉아 있어야 해요.'와 같이 말해줄 때 이해가 용이하다.

주의집중과 집중기능 또한 제한될 수 있다. 과제를 시작하고 유지하며 마무리하는 과정에서 어려움을 보이거나, 새로운 활동으로 넘어가는 활동 간 전환에 강한 저항을 나타내기도 한다. 스스로 계획을 수립하거나, 충동을 억제하거나, 자기 점검과 같은 고차적 기능이 약화되어 동일한 실수를 반복하는 모습으로 관찰되기도 한다.

기억 영역에서는 단기 기억이나 단순 암기는 가능하나, 학습한 내용을 새로운 상황에 적용하는 일반화 능력이 제한적인 경우가 많다. 이로 인해 교실에서 배운 기술이 가정이나 지역사회에서는 나타나지 않는 현상이 빈번하다. 학습은 반복과 과잉학습을 통해 유지되며, 학습 간 간격이 길어질 경우 퇴행이 나타나기도 한다. 문제 해결 과정에서는 다양한 전략을 시도하기보다 익숙한 한 가지 방식에 의존하는 경향이 두드러진다.

◑ 언어 및 의사소통 특성

지적장애인의 언어 발달은 표현 능력과 이해 능력 모두에서 제한을 보일 수 있으며, 말이 유창해 보인다고 해서 의사소통이 원활하다고 단정할 수는 없다. 수용언어 측면에서는 문장이 길거나 문법 구조가 복잡해질수록 이해도가 급격히 저하된다. 판단이 필요한 조건문, 부정문, '침묵은 소리 없는 대답이다'와 같은 비유적 표현은 특히 어려움을 준다. 시간 개념이나 관계 개념 역시 불명확하게 인식되는 경우가 많다.

표현언어에서는 어휘의 폭이 제한되거나, 특정 단어를 매우 넓은 의미로 사용하는 경향이 나타난다. 문장은 짧고 단순하며, 자신의 생각이나 감정을 구조화하여 말로 표현하는 데 어려움을 보인다. 이로 인해 욕구나 감정이 말이 아닌 행동으로 표현되는 경우가 잦다.

실제 의사소통 상황에서 말을 사용하는 화용적 측면에서는 대화 차례 지키기, 주제 유지, 상대방의 반응에 맞추는 능력이 제한될 수 있다. 언어를 문자 그대로 해석하는 경향이 강해 농담이나 암시를 이해하지 못하는 경우도 흔하다. 도움 요청, 거절, 사과와 같은 기능적 의사소통 기술이 부족할 경우 대인 갈등이 반복되며, 이러한 상황에서 보완대체의사소통(표정, 몸짓, 수어, 그림, 기호, 의사소통앱 등)은 의사소통의 효율성과 삶의 질을 크게 향상시키는 중요한 수단이 된다.

◑ 사회성 특성

지적장애인의 사회성은 사회적 인지 능력의 제한과 밀접하게 연결되어 있다. 타인의 표정, 억양, 상황 맥락과 같은 사회적 단서를 읽는 데 어려움이 있어 오해가 잦다. 다른 사람의 관점이나 의도를 추론하는 능력이 제한되면서 사회적 상황에 부적절한 반응을 보이기도 한다.

사회적 규칙은 그 필요성이나 맥락보다는 '지켜야 할 것'으로 인식되는 경우가 많아, 규칙이 바뀌거나 상황이 달라지면 혼란이 커진다. 대인 관계에서는 친밀도의 경계를 파악하기 어려워 과도한 접근이나 극단적인 위축으로 나타나기도 한다.

이러한 특성으로 인해 지적장애인은 사회적 취약성에 노출되기 쉽다. 타인의 요구나 제안에 쉽게 순응하거나, 반복된 실패 경험으로 인해 대인관계를 회피하는 경향이 나타날 수 있다. 사회적 기술은 자연스럽게 습득되기보다 체계적인 교수와 실제 상황에서의 반복 연습을 통해 발달한다.

◑ 정서 특성

지적장애인의 정서적 특성은 감정 인식과 조절의 어려움에서 두드러진다. 자신의 감정을 인식하고 언어로 명명하는 능력이 제한될 경우, 감정은 행동이나 신체 반응으로 먼저 표출된다. 좌절 상황에서 분노, 울음, 회피 행동이 크게 나타나는 것은 감정 조절 전략의 부족과 깊은 관련이 있다.

불안과 우울은 흔히 동반되며, 이는 반복된 실패 경험과 통제받는 삶의 경험에서 비롯되기도 한다. 특히 변화에 대한 예측이 어려운 상황에서 불안은 증폭된다. 자존감은 말로 주어지는 격려보다 구조화된 성공 경험을 통해 형성되며, 작은 성취가 반복될 때 비로소 자기 효능감이 축적되는데 지적장애인은 성공 경험은 적고 실패 경험이 많아 자존감과 효능감이 낮다.

겉으로 드러나는 문제행동은 종종 정서적 과부하의 결과이다. 분노처럼 보이는 행동의 이면에는 혼란, 불안, 요구 과잉이 자리 잡고 있는 경우가 많다. 따라서 행동을 교정의 대상으로만 보지 않고, 정서 상태를 해석하는 신호로 읽는 관점이 필요하다.

◑ 운동능력 특성

지적장애인은 대근육과 소근육 영역 모두에서 발달 지연이나 협응의 어려움을 보일 수 있다. 걷기, 달리기, 균형 유지와 같은 대근육 활동에서 서투른 모습이 나타나며, 체력과 지구력이 낮아 장시간 활동을 유지하기 어렵기도 하다.

소근육 영역에서는 손가락 조작, 양손 협응, 필기와 같은 활동이 제한될 수 있다. 일상생활 기술인 단추 채우기, 지퍼 올리기, 가위 사용 등에서도 반복적인 연습이 요구된다. 감각 처리와 운동 계획 능력이 함께 제한될 경우 새로운 동작을 배우는 데 상당한 시간이 필요하며, 시범과 단계적 촉진을 통한 교수 방법이 효과적이다.

…지적장애인의 발달 특성은 결핍의 목록이 아니라, 세계를 이해하고 반응하는 하나의 방식이다. 이 특성을 정확히 이해할 때, 지적장애인에 대한 지원은 교정이 아니라 조정이 되고, 교육은 통

제가 아니라 동행이 된다.…

　다음으로 자폐성장애의 주요 특성을 살펴보면, 자폐성장애는 사회적 의사소통의 질적 차이와 제한적·반복적인 행동 및 관심을 핵심 특성으로 하는 신경발달장애이다. 자폐성장애인의 발달은 지연이라기보다 다른 방향의 발달로 이해하는 것이 적절하다. 이들은 세계를 독특한 방식으로 지각하고 조직하며, 그 차이는 결핍이 아니라 신경다양성의 한 형태이다. 자폐성장애에 대한 이해는 '왜 저렇게 행동하는가'를 묻기보다 '저 행동이 어떤 인식과 감각 경험에서 비롯되는가'를 탐색하는 데서 시작된다.

◑ 인지 특성

　자폐성장애인의 인지 특성은 정보 처리의 양식과 초점에서 두드러진다. 전체 맥락보다는 세부 요소에 주의를 기울이는 경향이 강하며, 이는 흔히 '약한 중심응집성'으로 설명된다. 이로 인해 세밀한 관찰, 규칙 발견, 반복 패턴 인식에서는 강점을 보이지만, 상황의 큰 흐름이나 암묵적 의미를 파악하는 데는 어려움을 겪는다.

　추상적 개념 이해는 개인차가 매우 크다. 일부는 고도의 논리적·추상적 사고를 보이기도 하나, 사회적 맥락이 개입된 추상성, 즉 '눈치', '의도', '암묵적 기대'와 같은 개념 이해에는 지속적인 어려움이 나타난다. 인지적 유연성이 낮아 예측 가능한 구조를 선호하며, 계획 변경이나 규칙의 예외 상황에 강한 혼란과 저항을 보이기도 한다.

집행기능 측면에서는 과제 전환, 우선순위 설정, 자기조절이 어렵게 나타날 수 있다. 반대로 특정 관심 영역에서는 매우 높은 집중력과 지속성을 보이며, 이는 학습과 직무 수행에서 중요한 강점으로 작용할 수 있다.

◑ 언어 및 의사소통 특성

자폐성장애인의 언어 발달은 매우 이질적이다. 구어를 하지 않는 비구어 또는 최소구어 수준에서부터 문법적으로 정교한 언어를 사용하는 경우까지 폭넓게 분포한다. 그러나 언어 형태가 어떠하든, 사회적 의사소통의 질적 어려움은 공통적으로 관찰된다.

수용언어 측면에서는 단어의 사전적 의미는 이해하나, 맥락에 따른 의미 변화나 암시적 표현 이해에 어려움이 있다. 비유, 관용구, 반어적 표현은 문자 그대로 해석되는 경우가 많다. 표현언어에서는 독백적 말하기, 특정 주제에 대한 장황한 설명, 질문에 대한 비직접적 응답이 나타나기도 한다.

화용적 언어 사용에서 어려움이 두드러진다. 대화의 상호성, 차례 주고받기, 상대의 반응에 따른 말 조정이 제한되며, 의사소통은 정보 전달 중심으로 이루어지는 경우가 많다. 제스처, 시선, 표정과 같은 비언어적 의사소통 신호의 사용과 해석 또한 제한적이다.

◑ 사회성 특성

자폐성장애인의 사회성은 '관계에 대한 관심 부족'이 아니라 관계 규칙을 직관적으로 이해하는 데의 어려움으로 이해하는 것이

타당하다. 타인의 감정, 의도, 관점을 추론하는 능력, 즉 마음이론 발달의 차이로 인해 사회적 상황이 예측 불가능하고 혼란스럽게 경험된다.

사회적 상호작용은 자연스럽게 형성되기보다 학습의 대상이 된다. 자폐성장애인에게 사람들과 어울리는 방법은 저절로 익혀지는 것이 아니라, 하나하나 배워 가야 하는 것이다. 친구 관계도 서로 마음을 주고받는 관계라기보다, 같은 공간에 나란히 있거나 정해진 역할로만 이어지는 경우가 많다. 또 사회에서 지켜야 할 규칙을 상황에 맞게 바꾸어 생각하기보다, 한 번 배운 규칙을 그대로 지키려는 경향이 있어 예상과 다른 상황에서는 혼란을 느끼기 쉽다.

이러한 특성으로 인해 자폐성장애인은 사회적 고립이나 오해를 경험하기 쉽다. 그러나 안전하고 구조화된 환경에서는 깊이 있는 관계를 형성하기도 하며, 신뢰가 형성된 관계 안에서는 높은 충성도와 일관성을 보인다.

◑ 정서 특성

자폐성장애인의 정서는 외부에서 읽기 어려운 경우가 많다. 감정 표현이 제한적이거나 비전형적으로 나타나 타인이 무감정으로 오해하기도 하나, 실제로는 매우 강렬한 정서 경험을 하고 있는 경우가 많다. 문제는 감정을 인식하고 조절하며 표현하는 경로가 다르다는 데 있다.

예측 불가능한 상황, 감각 과부하, 사회적 요구는 높은 불안을 유발한다. 이러한 불안은 종종 분노 폭발, 회피, 반복행동 증가와 같은 형태로 표출된다. 이는 의도적인 문제행동이 아니라 신경계의 과부하에 대한 방어적 반응이다.

자존감은 반복된 사회적 실패 경험으로 인해 손상되기 쉽다. 특히 자신의 어려움이 이해받지 못할 때, 정서는 내면화되어 우울과 무기력으로 전환되기도 한다. 정서 지원의 핵심은 감정을 통제하려는 시도가 아니라, 감정을 예측 가능하게 만들고 안전하게 회복할 수 있는 환경을 제공하는 데 있다.

◑ 운동 및 감각 특성

자폐성장애인의 중요한 특성 중 하나는 감각 처리의 차이이다. 소리, 빛, 촉감, 냄새, 움직임에 대해 과민하거나 둔감한 반응을 보일 수 있으며, 이는 일상생활 전반에 큰 영향을 미친다. 감각 과부하는 집중 저하, 불안 증가, 문제행동으로 이어지기 쉽다.

운동 능력에서는 협응, 균형, 운동 계획의 어려움이 나타날 수 있다. 동작이 어색하거나 경직되어 보일 수 있으며, 새로운 신체 활동을 배우는 데 시간이 필요하다. 반복적 움직임이나 특정 신체 동작은 감각 조절과 정서 안정 기능을 수행하는 자기조절 전략이기도 하다.

…자폐성장애인의 특성은 결손의 목록이 아니라 차이의 구조이다. 이 차이를 병리로만 해석할 때 배제와 통제가 발생하고, 특성으로 이해할 때 비로소 조정과 지원이 가능해진다. 자폐성장애인을 이해한다는 것은 그들을 '변화시킬 대상'으로 보는 것이 아니

라, 서로 다른 신경학적 세계가 만나는 지점을 성찰하는 일이다.…

교회 발달장애인부 사역과 비전

교회 발달장애인부는 종종 '특별한 부서'로 불린다. 그러나 실제로 이 부서는 교회의 주변부라기보다 중심에 가깝다. 왜냐하면 이 사역은 교회가 무엇을 소중히 여기는지를 가장 솔직하게 드러내기 때문이다. 발달장애인부 사역은 교회에 묻는다. 변화가 없을 때에도 사역을 지속할 수 있는가. 눈에 띄지 않는 헌신을 존중할 수 있는가. 속도가 느린 공동체를 품을 수 있는가.

우리는 쉽게 '통합'을 말한다. 그러나 통합은 출발점이 아니라 결과다. 같은 공간에 있다고 해서 함께 예배드리고 있는 것은 아니다. 통합 이전에 필요한 것은 머무를 수 있는 시간과 공간이다. 발달장애인부 사역의 비전은 얼마나 많은 활동을 했는가가 아니라 얼마나 오래 함께 있었는가에 있다. 함께 있었던 시간만큼 신뢰는 자라고, 신앙은 관계 속에서 자리를 잡는다.

이 사역은 교회를 불편하게 만든다. 바로 그 불편함 속에서 교회는 복음에 가까워진다. 편안함만 남은 교회는 이미 많은 것을 잃었을지도 모른다. 발달장애인부는 미래 교회를 준비하는 자리다. 속도와 효율에 지친 시대 속에서 교회는 이 사역을 통해 다른 시간의 리듬을 배운다. 느리고, 반복적이며, 눈에 띄는 성과는 없지만 신앙의 본질에 가장 가까운 시간이다.

오늘날 장애인은 더 이상 소수의 문제가 아니다. 진단 기준의 확장, 의료 기술의 발달, 사회적 인식의 변화로 인해 발달장애인을 포함한 장애인 인구는 지속적으로 증가하고 있다. 이는 통계의 변화가 아니라 공동체 구조의 변화이며, 교회가 더 이상 외면할 수 없는 현실이다. 이제 교회 앞에 놓인 질문은 '사역을 할 것인가 말 것인가'가 아니라, '이미 존재하는 이들을 어떻게 맞이할 것인가'이다.

교회는 본질적으로 사람의 공동체이다. 그리고 그 공동체 안에는 언제나 발달장애인이 포함되어 왔다. 다만 그동안 교회는 그들을 보지 못했거나, 보았으나 체계적으로 맞이하지 못했을 뿐이다. 발달장애인부 사역은 새로운 프로그램의 추가가 아니라, 교회가 스스로를 다시 정의하는 과정이다.

◑ 발달장애인 증가 시대, 교회의 현실

과거 몇 년간 전체 등록장애인은 꾸준히 증가하는 추세를 보였다. 2024년 말 기준 등록장애인 수는 약 2,631,356명으로 집계되었다. 이는 대한민국 전체 인구의 약 5.1%에 해당한다. 발달장애인은 전체 등록장애인의 약 10% 수준으로 파악된다. 발달장애인 전체 약 273,000명, 이 중 지적장애인 약 230,000명(전체 장애인 대비 약 8.7%), 자폐성장애인 약 43,000명(전체 장애인 대비 약 1.6%)으로 보고되었다. 이는 전체 등록장애인의 규모를 기준으로 한 비율이며, 실제 발달장애인은 비등록군까지 포함하면 더 많을 것으로 추정된다.

발달장애인은 과거에 비해 증가 추세가 뚜렷하다. 보건복지부 장애인현황 자료를 분석한 보도에 따르면, 지난 9년간 발달장애인은 약 33.7% 증가한 것으로 나타났다.

발달장애인은 더 이상 특정 가정의 특수한 문제가 아니다. 교회 안에도 이미 발달장애 아동과 청소년, 성인과 노인이 함께 예배하고 있으며, 그 수는 점점 늘어나고 있다. 그러나 많은 교회에서 발달장애인은 여전히 '배려의 대상' 혹은 '돌봄의 객체'로만 존재한다. 예배의 흐름을 방해하지 않는 한에서만 허용되는 존재, 다른 부서가 감당하기 어려울 때 잠시 맡겨지는 존재로 머무르는 경우도 적지 않다.

이러한 현실은 의지의 부족이라기보다 준비의 부족에서 비롯된다. 발달장애에 대한 이해 부족, 사역 구조의 부재, 담당자의 소진은 교회를 침묵하게 만든다. 그러나 침묵은 중립이 아니다. 아무것도 하지 않는 선택 역시 분명한 선택이며, 그 선택의 결과는 배제와 고립이다.

◑ 교회 발달장애인부 사역의 신학적 토대

교회 발달장애인부 사역의 출발점은 효율이나 가능성이 아니라 존재에 대한 신학적 인식이다. 발달장애인은 '언젠가 변화되어야 할 존재'가 아니라, 이미 하나님의 형상으로 존재하는 사람이다. 그들의 인지 수준이나 언어 능력은 신앙의 깊이를 가늠하는 기준이 될 수 없다.

교회는 가르치는 공동체이기 이전에 함께 살아내는 공동체이다. 발달장애인은 신앙의 대상이 아니라 신앙의 주체이며, 돌봄의 수혜자가 아니라 공동체를 드러내는 증거이다. 발달장애인부 사역은 이들을 '돕는 사역'이 아니라, 교회가 '교회다워지는 사역'이다.

◑ 발달장애인부 사역의 실제적 방향

교회 발달장애인부 사역은 보호 중심의 공간에서 벗어나야 한다. 단순히 안전하게 머무는 장소가 아니라, 의미 있게 참여하는 자리를 만들어야 한다.

이를 위해 첫째, 예배는 이해의 수준이 아니라 참여의 방식으로 재구성되어야 한다. 예배의 모든 내용을 이해하지 못하더라도, 몸으로, 반복으로, 관계로 예배에 참여할 수 있어야 한다.

둘째, 교육은 지식 전달이 아니라 경험 축적의 과정이어야 한다. 발달장애인은 설명보다 구조와 반복을 통해 배운다. 신앙 교육 역시 교리 중심의 언어보다 일상의 리듬 속에서 경험되는 신앙이 되어야 한다.

셋째, 사역자는 전문가이기 이전에 동행자여야 한다. 완벽한 기술이나 지식을 갖추지 못했더라도, 함께 머무르고 함께 실패할 수 있는 태도가 사역의 핵심이다. 발달장애인부 사역은 빠른 성과를 내는 사역이 아니라, 오래 견디는 사역이다.

◑ 분리에서 통합으로, 시혜에서 공동체로

발달장애인부 사역의 비전은 분리에 있지 않다. 필요할 때는 분리된 공간과 구조가 필요하지만, 목적은 언제나 공동체 안으로의 연결이다. 발달장애인이 교회의 주변부에 머무는 것이 아니라, 교회의 얼굴로 드러나야 한다.

이 사역은 장애인을 변화시키기보다 교회를 변화시킨다. 발달장애인을 중심에 둘수록, 교회는 더 느려지고, 더 단순해지고, 더 본질에 가까워진다. 말보다 관계가 앞서고, 설명보다 삶이 앞서는 공동체가 된다.

◑ 교회 발달장애인부 사역의 비전

교회 발달장애인부 사역의 비전은 크고 거창한 확장이 아니다. 그것은 한 사람을 놓치지 않겠다는 결단이며, 이해하지 못해도 함께 예배하겠다는 용기이다. 발달장애인이 안전한 존재로만 머무는 교회가 아니라, 필요한 존재로 살아가는 교회가 되는 것이다.

장애인이 증가하는 이 시대에, 교회의 침묵은 더 이상 겸손이 아니다. 응답해야 할 때 응답하지 않는 것은 사명이 아니다. 발달장애인부 사역은 선택지가 아니라 요청이며, 준비된 교회만의 특권이 아니라 모든 교회의 책임이다.

…교회가 발달장애인을 품을 때, 교회는 비로소 약한 자의 공동체가 아니라 함께 약해질 수 있는 공동체가 된다. 그리고 그 자리에서, 교회는 다시 복음의 얼굴을 회복한다.…

발달장애인부 교사가 알아야 할 기본적인 사항

발달장애인부 교사는 전문가이기 이전에 동행자다. 교사의 역할은 발달장애 아이를 변화시키는 데 있지 않다. 아이 곁에 머무는 데 있다. 이 '머무름'이야말로 발달장애인 사역의 출발점이다. 발달장애인의 행동은 문제 이전에 신호다. 소리를 내는 이유, 자리를 벗어나는 이유, 반복되는 행동 속에는 말로 표현되지 않은 요구와 감정이 담겨 있다.

교사는 그 행동을 교정하기보다 읽어내는 사람이어야 한다. 그래서 교사에게 가장 중요한 능력은 설명하는 기술이 아니라 관찰하는 태도다. 이 아이는 언제 불안해지는가. 어떤 환경에서 안정되는가. 무엇이 이 아이를 예배로부터 멀어지게 하는가. 이 질문에 대한 꾸준한 관찰이 사역의 기초가 된다. 발달장애인에게 신뢰는 전문성보다 지속성에서 형성된다. 오늘과 내일의 태도가 크게 다르지 않은 교사, 기분에 따라 관계가 흔들리지 않는 사람. 예측 가능한 어른의 존재는 그 자체로 안정이며 신앙의 토대다.

교사는 완벽할 필요가 없다. 다만 자주 바뀌지 않아야 한다. 사역의 기술은 보완될 수 있지만, 관계의 단절은 쉽게 회복되지 않는다. 이 사역은 교사를 변화시킨다. 가르치러 왔다가 배우게 되고, 이끈다고 생각했지만 사실은 인도받고 있었음을 깨닫게 된다. 발달장애인부 사역은 교사에게 기다림이라는 신앙을 가르친다.

발달장애인부 교사는 단순히 프로그램을 운영하는 사람이 아니다. 그는 예배의 안내자이자, 행동의 해석자이며, 공동체의 경계를 넓히는 사람이다. 발달장애인부 사역은 교사의 말과 기술보다 교사가 무엇을 알고 어떤 시선으로 서 있는가에 의해 결정된다. 특히 지적장애인과 자폐성장애인의 행동 문제는 사역 현장에서 가장 큰 부담으로 인식되지만, 동시에 가장 중요한 이해의 지점이기도 하다.

발달장애인부 교사가 발달장애인의 행동문제를 알아야 하는 이유는 단순하다. 행동은 그들이 가장 자주, 가장 분명하게 사용하는 언어이기 때문이다. 발달장애인은 말과 사고의 구조가 다르며, 그 차이는 종종 행동으로 먼저 드러난다. 따라서 발달장애인 행동 뒤에 숨겨진 의미를 이해해야 발달장애인을 진정으로 이해할 수 있다.

◑ 행동문제는 '문제'가 아니라 메시지이기 때문이다

발달장애인의 행동은 무례함이나 반항의 표현이 아니다. 그것은 이해되지 않는 요구, 감당하기 어려운 환경, 말로 표현할 수 없는 감정이 몸으로 번역된 결과이다. 교사가 행동을 문제로만 인식하는 순간, 발달장애인은 훈육의 대상이 되고, 공동체에서 분리된다.

행동을 메시지로 읽을 수 있을 때에만, 교사는 "왜 그랬니?"라는 질문 대신 "무엇이 어려웠니?"라는 질문을 던질 수 있다. 이 차이가 사역의 방향을 결정한다.

◑ 행동을 모르면 교사는 상처를 준다

행동문제를 이해하지 못한 교사는 선의로도 상처를 준다. 흥분한 아이에게 설명을 반복하고, 감각 과부하 상태에서 침착을 요구하며, 불안을 보이는 행동을 고집으로 해석한다. 이러한 대응은 행동을 줄이지 못할 뿐 아니라, 불안과 좌절을 증폭시킨다.

특히 자폐성장애인의 반복 행동이나 회피 행동을 훈련 대상으로만 다룰 때, 교회는 안전한 공간이 아니라 위험한 공간이 된다. 교사가 행동을 이해하지 못하면, 교회는 아이에게 '참아야 하는 장소'가 된다.

◑ 행동 이해는 분리와 배제를 막기 때문이다

교회에서 발달장애인의 행동문제는 종종 분리의 근거가 된다. "예배에 방해가 된다", "다른 아이들에게 영향이 있다"는 이유로, 조용한 공간으로 이동시키거나 사역에서 제외하는 선택이 반복된다.

그러나 행동의 원인을 이해하는 교사는 분리 대신 조정을 선택한다. 사람을 옮기기보다 환경을 바꾸고, 아이를 통제하기보다 구조를 재설계한다. 행동 이해는 배제를 막는 최소한의 지식이다.

◑ 행동문제 이해는 교사를 보호하기 때문이다

행동문제를 모른 채 대응하는 교사는 쉽게 지치고 소진된다. 이유를 알 수 없는 행동 앞에서 무력감을 느끼고, 결국 자신을 탓하거나 사역을 포기하게 된다. 반대로 행동의 기능과 패턴을 아는 교사는 상황을 개인적 실패로 받아들이지 않는다.

행동 이해는 교사의 감정을 보호하고, 사역을 지속 가능하게 만든다. 이것은 전문성 이전에 자기 보호의 기술이다.

◑ 행동 이해는 복음의 방식이기 때문이다

예수님은 행동만 보고 판단하지 않았다. 예수님은 사람의 상태를 먼저 보았고, 행동 이전의 고통을 보았다. 발달장애인의 행동을 이해하려는 태도는 그들을 고치려는 마음이 아니라, 함께 머무르려는 마음에서 나온다.

발달장애인부 교사가 행동문제를 배워야 하는 이유는 기술을 익히기 위함이 아니다. 그것은 교사가 어느 편에 설 것인가에 대한 선택이다. 행동을 통제하는 편에 설 것인가, 행동을 해석하는 편에 설 것인가의 선택이다.

◑ 지적장애인의 행동문제에 대한 이해

지적장애인의 행동문제는 대부분 이해의 한계와 요구의 과잉이 만나는 지점에서 발생한다. 이들의 행동은 계획된 반항이 아니라, 감당할 수 없는 상황에 대한 즉각적인 반응이다.

지적장애인은 지시를 이해하지 못하거나, 과제가 지나치게 어렵거나, 자신의 욕구를 말로 표현하지 못할 때 행동으로 반응한다. 소리 지르기, 자리를 이탈하기, 물건을 던지기, 바닥에 드러눕기와 같은 행동은 통제의 대상이 아니라 해석의 대상이다. 이 행동들은 대체로 과제 회피, 도움 요청, 주의 획득, 정서적 긴장 해소라는 기능을 가진다.

사례를 보면, 예배 중 반복적으로 자리에서 일어나 문을 여닫는 지적장애 청소년이 있었다. 이를 예배 방해로 인식한 교사는 제지를 반복했으나 행동은 오히려 강화되었다. 이후 관찰 결과, 긴 예배 시간과 추상적인 설교 언어가 이해되지 않는 상황에서 불안이 누적된 것이 원인이었다. 예배 순서를 시각적으로 제시하고, 짧은 참여 활동을 삽입하자 행동은 자연스럽게 감소하였다.

지적장애인의 행동 문제에 대한 대처의 핵심은 요구 수준을 조정하고, 행동보다 쉬운 의사소통 대안을 제공하는 것이다. 행동을 멈추게 하는 것이 아니라, 행동이 필요 없어지게 만드는 것이 목표이다.

◑ 자폐성장애인의 행동문제에 대한 이해

자폐성장애인의 행동문제는 의사소통의 문제라기보다 감각 처리와 예측 가능성의 붕괴에서 비롯되는 경우가 많다. 이들의 행동은 환경에 대한 신경학적 반응이며, 종종 '이상한 행동'으로 오해받는다.

자폐성장애인은 소리, 빛, 접촉, 사람의 움직임에 대해 과민하거나 둔감하게 반응할 수 있다. 예배 중 갑작스러운 찬양 소리, 사람들의 박수, 공간 이동은 감각 과부하를 일으키고, 이는 귀를 막기, 반복적 움직임, 자해, 분노 폭발로 이어질 수 있다. 이러한 행동은 고의가 아니라 신경계의 방어 반응이다.

사례로, 자폐성장애 아동이 예배 중 계속 몸을 흔들고 소리를 냈다. 이를 산만한 행동으로 판단해 제지하자 울음과 공격 행동으로 확대되었다. 이후 해당 행동이 감각 조절을 위한 자기조절 행동임을 이해하고, 흔들 수 있는 방석과 예측 가능한 예배 흐름을 제공하자 문제행동은 현저히 줄어들었다.

자폐성장애인의 행동 대처에서 가장 중요한 원칙은 행동을 줄이려 하기 전에 환경을 조정하는 것이다. 구조, 예측, 감각 배려가 없는 훈육은 효과가 없을 뿐 아니라, 불안을 증폭시킨다.

◑ 행동문제 대처를 위한 공통 원칙

발달장애인부 교사가 반드시 알아야 할 행동 대응의 공통 원칙이 있다.

첫째, 문제행동은 교육 이전에 해석의 대상이다. 행동이 나타났을 때 가장 먼저 해야 할 일은 훈계가 아니라 관찰이다. 언제, 어디서, 누구와 있을 때 행동이 발생하는지를 살펴야 한다.

둘째, 흥분 상태에서는 어떤 교육도 작동하지 않는다. 감정이 가라앉기 전에는 말도, 설명도, 신앙적 권면도 무력하다. 먼저 진정과 안전을 확보해야 한다.

셋째, 행동 이후보다 행동 이전을 설계해야 한다. 문제행동이 발생한 뒤의 대응보다, 행동이 발생하지 않도록 환경을 조정하는 것이 훨씬 중요하다.

넷째, 모든 행동에는 대체 행동이 필요하다. 하지 말라는 말은 행동을 없애지 못한다. 무엇을 하면 되는지를 구체적으로 가르쳐야 한다.

◑ 발달장애인부 교사가 추가로 알아야 할 핵심 사항들

발달장애인부 교사는 장애 특성만 아는 사람이어서는 안 된다. 다음의 사항들은 사역의 지속성과 윤리를 위해 반드시 필요하다.

첫째, 교사는 치료자가 아니다. 한계를 아는 것이 사역의 품격이다

발달장애인부 교사는 상담가도 치료사도 아니다. 교회는 치료실이 아니며, 예배와 교육은 임상적 개입의 대체물이 아니다. 그러나 교사가 아무 역할도 하지 않는다는 뜻은 아니다. 교사의 역할은 치료를 수행하는 것이 아니라, 위험 신호를 알아차리고, 가정과 전문

가를 연결하며, 교회 안에서 안전한 구조를 마련하는 것이다.

치료자가 되려는 교사는 쉽게 두 가지 함정에 빠진다. 하나는 '내가 고쳐야 한다'는 과잉책임이며, 다른 하나는 '내가 알았다'는 과잉확신이다. 전자는 소진을 부르고, 후자는 당사자와 부모를 침묵하게 만든다. 교사가 해야 할 일은 "내가 해결하겠다"가 아니라 "우리가 연결되게 하겠다"이다.

〈첫째 사례〉

지적장애 청소년이 예배 후 교사를 반복적으로 붙잡고 "집에 가기 싫다"라고 말하며 울음을 보인 적이 있다. 교사는 이를 '영적 문제'로 해석해 장시간 권면과 기도를 시도했고, 아이는 더 격해져 자해 행동까지 나타냈다. 이후 부모와 대화를 통해 가정 내 갈등과 학교 적응 문제, 불안 증상이 확인되었고, 지역 상담기관과 연계가 이루어졌다. 교회에서의 대응은 '해결'이 아니라 '경유'로 재정의되었고, 교사는 예배 후 아이의 회복을 돕는 안정 루틴을 맡았다. 그때부터 문제행동은 줄었고, 무엇보다 부모가 교회에 다시 신뢰를 회복하였다.

이 사례가 보여 주는 것은 명확하다. 교사가 치료를 대신하려는 순간, 교회는 위험해진다. 교사가 지역사회 전문기관과의 연결을 맡는 순간, 교회는 안전해진다.

둘째, 부모와의 관계는 사역의 절반이다. 부모는 '협조자'가 아니라 '공동 설계자'이다

부모는 가장 오랜 시간 아이와 함께 살아온 사람이다. 교사는 일

주일의 몇 시간만 아이를 만난다. 따라서 부모의 경험은 '참고자료'가 아니라 사역의 기초 데이터이다. 부모와 협력하지 못하는 사역은 지속될 수 없다. 특히 발달장애 아동의 행동문제는 교회에서만 발생하는 것처럼 보이지만, 대개는 가정·학교·치료·수면·약물 변화 등 생활 전반과 연결되어 있다.

부모와의 관계에서 가장 흔한 실패는 두 가지이다. 하나는 교사가 부모를 '통제해야 할 대상'으로 보는 태도이고, 다른 하나는 부모를 '민원인'으로만 대하는 태도이다. 부모는 민원인이 아니다. 부모는 협력해야 할 파트너이며, 아이에 대한 가장 깊은 지식을 가진 동역자이다.

〈둘째 사례〉

자폐성장애 아동이 찬양 시간마다 울고 바닥에 엎드리는 일이 반복되었다. 교사는 "아이의 이런 행동을 지도해서 보내라"고 부모에게 말했고, 부모는 큰 상처를 받았다. 이후 교사는 접근을 바꾸었다. "아이에게 어떤 소리가 힘든지, 집에서도 비슷한 반응이 있는지, 최근 생활 변화가 있었는지"를 먼저 물었다. 부모는 최근 이사로 인해 수면이 무너졌고, 아이가 특정 음역의 소리에 과민 반응한다는 사실을 공유했다. 교회는 소리 자극을 낮추고, 예배 시작 전 '예고 카드'를 제공하며, 조용한 대체 공간을 마련했다. 그 결과 울음은 크게 줄었다. 부모는 '교회가 이해하고 지원 곳'이라는 감각을 회복했고, 사역은 그때부터 지속 가능해졌다. 부모와의 협력은 단순한 소통이 아니다. 그것은 사역을 현실에 접속시키는 기술이다.

셋째, 기록은 보호이다. 기억은 흔들리고, 기록은 남는다.

발달장애인부 사역에서 기록은 통제를 위한 문서가 아니다. 기록은 신뢰를 지키는 장치이며, 교사와 교회를 보호하는 최소한의 안전망이다. 말로만 전해지는 사건은 쉽게 왜곡되고, 시간이 지나면 사실의 윤곽이 흐려진다. 기록은 '누가 옳은가'를 가리는 도구가 아니라, '무슨 일이 있었는가'를 지키는 도구이다.

기록이 필요한 이유는 세 가지이다. 첫째, 행동의 패턴을 찾아 예방 설계를 하기 위해서이다. 둘째, 부모와의 소통을 감정이 아니라 사실 기반으로 만들기 위해서이다. 셋째, 사고나 분쟁이 생겼을 때 교사와 교회를 법적·윤리적으로 보호하기 위해서이다.

기록은 길고 복잡할 필요가 없다. 핵심은 ABC를 기록하는 것이다. 모든 행동에는 기능이 있다. 도망치기, 도움 요청, 관심 얻기, 불안 줄이기 등 행동은 항상 무언가를 얻거나 피하기 위해 나타난다. ABC 기록을 반복해 쌓다 보면, 행동이 나타나는 공통된 조건과 결과가 보이기 시작한다. ABC기록을 예와 함께 제시하면 다음과 같다.

A(선행사건): 그 전에 무슨 일이 있었는가: '예배 중 찬양 소리가 커진 직후에'

B(행동): 무엇을 했는가(관찰 가능한 말로): '은수(자폐성장애 아동)가 귀를 막고 울음을 터뜨렸으며'

C(결과): 그 뒤에 무엇이 바뀌었는가(환경·반응·아이 상태): '교사가 조용한 공간으로 안내하자 울음이 가라앉았다.'

〈셋째 사례〉

지적장애 청년이 예배 중 옆 사람의 팔을 세게 잡는 일이 반복되었다. 누군가는 "폭력적이다"라고 말했고, 누군가는 "장난이다"라고 말했다. 기록을 시작하자 패턴이 보였다. '예배 시작 20분 이후', '찬양이 길어질 때', '자리 이동이 제한될 때' 빈도가 올라갔다. 결국 이는 공격성이 아니라 불안과 탈출 욕구의 표현이었다. 교회는 20분 지점에 짧은 역할을 부여하고, 필요 시 이동 가능한 '휴식 신호'를 만들었다. 행동은 줄었다. 무엇보다 기록이 있었기에, 교회 안에서 소문과 낙인이 자라지 못했다. 기록은 아이를 보호하고, 공동체를 보호했다.

기록은 교사가 책임을 회피하려는 문서가 아니다. 오히려 책임을 정확한 형태로 감당하려는 태도이다.

넷째, 소진은 개인의 약함이 아니라 구조의 문제이다. 혼자 하는 사역은 쉽게 무너진다

발달장애인부 사역은 정서적 노동이 크다. 돌발 행동, 안전 관리, 부모와의 소통, 교회 내 시선, 사역자의 죄책감이 한 사람에게 몰릴 때 소진은 피할 수 없다. 소진은 '마음이 약해서' 생기는 것이 아니라, 사역의 하중을 분산시키지 못한 구조에서 발생한다.

소진을 예방하는 핵심은 개인의 의지가 아니라 시스템이다. 팀 사역, 역할 분담, 휴식 규정, 대체 인력, 경험 공유회의, 정기 교육이 있어야 한다. 특히 돌발 행동이 있었던 날에는 "기도하고 끝"이 아니라 "정리하고 회복"이 필요하다. 회복 없는 사역은 신앙이 아니라 소모이다.

〈넷째 사례〉

발달장애인부를 1년 넘게 혼자 담당한 교사가 있었다. 처음에는 열정이 있었으나, 반복되는 돌발 상황과 주변의 무관심 속에서 점점 예배가 두려워졌다. 결국 교사는 갑작스럽게 사역을 중단했고, 아이들은 한순간에 낯선 교사들에게 맡겨지면서 불안과 행동문제가 폭발했다. 이후 교회는 구조를 바꾸었다. 2인 1조를 기본으로 하고, 한 사람은 '예배 진행', 다른 한 사람은 '안정·안전 담당'을 맡았다. 월 1회 팀 회의에서 사례를 공유하고, 분기마다 한 번은 의도적으로 휴식 주일을 만들었다. 놀랍게도 그때부터 아이들도 안정되었다. 사역자의 안정이 곧 아이들의 안정이었기 때문이다.

소진을 개인이 해결하라고 요구하는 교회는 결국 사역자를 잃고, 사역도 잃는다. 구조를 세우는 교회만이 사람을 지킨다.

…발달장애인부 교사는 행동을 고치는 사람이 아니다. 그는 행동을 읽어 주는 사람이다. 행동 뒤에 숨은 혼란과 불안을 먼저 알아보는 사람이다. 그럴 때 아이는 통제의 대상이 아니라, 이해의 대상이 된다.

발달장애인부 사역은 빠른 변화의 사역이 아니다. 그러나 이 사역이 있는 교회는 분명히 달라진다. 더 느려지고, 더 조심스러워지고, 더 사람을 중심에 두는 공동체가 된다.

그리고 그 변화는 언제나 교사 한 사람의 시선이 바뀌는 순간에서 시작된다.…

   발달장애인부 교사 길라잡이-이해에서 환대로, 환대에서 동행으로

맺음말

교사는 치유자가 아니라 증인이다. 발달장애인부 교사는 사람을 고치는 사람이 아니다. 그는 하나님의 일하심이 어디에서 멈추지 않고 계속되는지를 증언하는 사람이다. 변화가 더디고, 말로 고백되지 않으며, 눈에 띄는 열매가 보이지 않을 때에도, 하나님이 여전히 그 사람 안에 계시다는 사실을 공동체가 잊지 않도록 서 있는 사람이 교사이다.

교회는 종종 '이해할 수 있음'을 기준으로 사람을 환대한다. 그러나 복음은 이해할 수 있는 사람들만을 위한 소식이 아니다. 발달장애인은 교회에 질문을 던진다. "너희는 여전히 말하지 못하는 이를 형제로 부를 수 있는가", "성과가 없는 자리에서도 신실할 수 있는가", "통제하지 않고 함께 머무를 수 있는가"라는 질문이다.

발달장애인부 사역은 교회의 능력을 증명하는 자리가 아니라, 교회의 신앙을 드러내는 자리이다. 교사가 자신의 한계를 인정할 때, 교회는 하나님을 대신하려는 유혹에서 벗어난다. 부모와 손을 잡을 때, 교회는 가정과 경쟁하지 않고 동행한다. 기록을 남길 때, 교회는 은혜를 무질서로 오해하지 않는다. 구조를 세울 때, 교회는 사역자를 소모하지 않는다.

결국 발달장애인부 교사는 아이들만을 섬기지 않는다. 그는 교회가 약함을 어떻게 대하는지를 보여 주는 사람이며, 복음이 삶의 속도와 충돌할 때 어떤 선택을 하는지를 증언하는 사람이다. 그 자리는 쉽지 않지만, 가장 교회다운 자리이다.

　　그리고 바로 그 자리에서, 교사는 가르치는 사람이 아니라 함께
예배하는 지체로 남는다. 그것이면 충분하다.

제2장

발달장애인부 교사란?

—

최대열

I. 서언 : 교사의 정체성

교회마다 발달장애인부를 부르는 명칭이 다를 수 있다. 실제로 교회에 따라 사랑부, 소망부, 베데스다부, 임마누엘부 등 여러 이름으로 불린다. 그러나 부서명이 어떠하든지 발달장애인부에서 봉사하는 교사의 정체성과 하는 일은 거의 같은 것 같다. 그럼, 발달장애인부 교사란 어떤 존재이며, 어떤 역할을 하는가? 무엇보다 어떤 자세와 소망을 가지고 봉사해야 할까?

교사는 먼저 교사로서 정체성(identity)을 분명히 하고 살아야 한다. 항상 나는 내가 하나님이 보내신 교사인가 그리고 내가 누군가를 가르칠 수 있는 사람인가 자문하며 자신을 돌아보아야 한다. 그리고 교사로서 부끄럽지 않게 살고자 최선을 다해야 한다. 교사로서의 소명과 함께 교사에게 합당한 신앙생활과 또한 전문성도 갖추어가야 한다. 세상에 완벽한 교사란 없다. 더 좋은 교사가 되고자 끊임없이 기도하며 노력할 뿐이다.

교사란 관계적 존재이다. 쉽게 말해, 교사는 교사 홀로 존재하는 존재가 아니다. 학생이 있기에 교사가 있는 것이다. 그런데, 비단 학생과의 관계만 있는 것이 아니다. 생각해보면, 발달장애인부 교사는 이미 여러 관계 속에 있다. 교사는 먼저 하나님, 그리고 교회, 교사 자신, 학생, 학생의 부모와 가족, 교역자와 동료 교사, 교회 내 타부서와 교인, 가정과 지역사회 등 여러 관계 속에 살아간다. 여기서는 이러한 관계와 관련하여 교사의 의미와 자세와 역할에 대해서 살펴보고자 한다.

II. 좋은 성도

사랑부 교사는 먼저 좋은 성도여야 한다. 그리고 갈수록 더 좋은 성도, 더 좋은 교인이 되어가야 한다. 좋은 성도가 의미하는 바가 광범위하고 모호하지만, 제일 중요한 핵심, 단 한 가지를 콕 집어 말하자면, 무엇보다 예수 그리스도를 믿고 구원받은 거듭난 존재, 곧 하나님의 자녀요, 교회와 하나님 나라의 일꾼이라는 분명한 정체성을 가지고 있는 성도여야 한다. 학교 교사가 되기 위해 교육학을 전공하고 임용고시에 합격해야 한다면, 교회 교사는 가장 기본적으로 예수 그리스도를 나의 구세주로 믿고, 그의 몸인 교회를 사랑하는 성도여야 한다. 교사가 되기 전에 먼저 성도가 되어야 한다. 내가 하나님의 아들 예수 그리스도를 믿음으로 죄와 마귀, 사망과 지옥의 사슬에서 구원받고 해방되었다는 믿음이 확고해야 한다. 교사는 이 복음을 확실히 믿고, 그 복음의 증인으로 살아야 한다. 왜냐하면 교사는 바로 이 복음을 발달장애인과 그 가족들에게 전하여 믿게 하고, 또 가르쳐서 복음으로 살도록 돕기 위하여 세워진 존재이기 때문이다. 이것은 비단 발달장애인부 교사에게만 해당되는 것이 아니다. 교회의 모든 교사, 나아가 교회의 모든 봉사자에게 가장 기본적으로 요구되는 것이다. 교사는 다른 사람을 영적으로 지도하고 신앙의 바른길로 인도하는 존재이기에, 이 믿음과 확신은 더욱 중요하다. 발달장애인부 교사는 특수교육이나 사회복지에 관한 지식이나 정보에 앞서 구원의 확신과 기쁨 가운데 살아야 한다.

좋은 성도는 오직 주님으로 말미암아 기뻐하고 감사하며 소망 가운데 살아간다. 세상의 어떤 환난과 시험 속에서도 하나님이 나를 사랑하시고, 예수님이 나를 구원하셨으며, 성령님이 나를 도와주신다는 사실 하나로 기뻐하고 감사하며, 하나님 나라의 소망 가운데 살아가는 존재이다. 세상에서 가장 귀한 구원의 은혜를 받은 사람은 당연히 자신을 십자가에 내주어 우리를 구원해 주신 주님을 사랑하며, 그 은혜에 보답하고 싶어 한다. 그래서 교회에서 봉사하고, 세상에서 복음을 전하게 된다. 발달장애인부 교사는 주님의 은혜에 감사하고 주님을 사랑하기에 주님이 맡겨주신 발달장애인을 사랑으로 섬기고 봉사하는 것이다. 성도의 사명, 곧 선교와 봉사는 주님의 은혜와 사랑으로부터 출발한다.

좋은 성도는 또한 좋은 교인이다. 성도가 되어서 좋은 교인이 되지 못한다면 참 안타까운 일이다. 교사는 교회에 대한 확실한 믿음과 소망과 사랑을 가지고 있어야 한다. 사실 지상에 있는 모든 교회는 불완전하다. 교회마다 약점과 상처, 시험과 어려움을 가지고 있다. 그럼에도 교회는 예수 그리스도의 몸이며, 성도들은 그 몸의 지체이다. 눈에 보이지 않는 주님을 사랑하는 것은 현실적으로 눈에 보이는 주님의 몸인 교회를 사랑하는 것으로 드러나게 된다. 그래서 교인은 그의 몸인 교회 공동체와 그 몸의 지체인 성도들을 사랑으로 섬기는 것이다. 발달장애인부 교사는 교회를 섬기며 그의 지체인 발달장애인과 그 가족을 주님을 사랑하는 마음으로 섬긴다.

III. 교회 중심

교회 교사는 교회 중심에서 부서 봉사를 하여야 한다. 교회 발달장애인 사역은 주로 교회 안의 한 부서의 사역으로 진행된다. 그런 경우, 먼저 교회가 있고 부서가 있는 것이지, 부서가 있어서 교회가 있는 것이 아니다. 발달장애인부가 교회에서 따로 노는 부서가 되거나 교회를 거스르는 부서가 되어선 안 된다. 교회의 본질에서 보면, 발달장애인부가 별난 부서가 아니다. 다른 부서와 마찬가지로 여러 부서들 가운데 고유한 사역을 감당하는 하나의 부서일 뿐이다. 그러나 현실에선 교회 안팎으로 별나게 보는 시선이 있다. 그러기에 발달장애인부 교사는 교회에서 더 본이 되고, 더 덕이 되어야 한다.

교회의 봉사는 근본적으로 주님을 사랑하는 마음에서 출발한다. 대개 하나님의 은혜에 대한 감사로 봉사 부서를 찾다가 발달장애인부를 소개받거나 장애인에 대한 긍휼의 마음이 있어서 찾아오는 경우가 일반적이다. 그러나 간혹 주위의 강요, 보상, 반감, 상처, 자기과시 등의 동기를 가지고 발달장애인부를 찾아오는 분들도 있다. 봉사의 시작, 계기가 어떠하든지, 발달장애인부에서 봉사할수록 주님을 사랑하고, 교회를 사랑하는 교사가 되어가야 한다. 발달장애인부 교사는 교회나 교인들로부터 소외되거나 상처받지 않도록 주의해야 할 뿐 아니라, 또한 교회나 교인들에게 걸림돌이 되거나 시험 거리가 되지 않도록 주의해야 한다. 발달장애인부 교사는 특히 자기 의, 자기자랑, 봉사 선민의식 같은 것을 주의해야 한다. 항상 겸손하고 더욱 온유하여야 한다.

교사는 기본적으로 교회의 공적인 예배와 집회에 성실히 참여하여야 한다. 주일에 발달장애인부 예배만 드리고 발달장애인부에서만 봉사해선 안 된다. 좋은 성도, 좋은 교인은 교회의 모든 일에 적극적으로 참여한다. 발달장애인부는 교회 전체의 방침을 우선하여 부서를 운영하고, 교회 전체의 행사를 우선하여 행사를 기획하여야 한다. 발달장애인부 교사가 교회 중심에서 봉사하여야 부서가 안전하고 건강하다. 담임목사님과 당회원이 믿고 신뢰할만한 분들이 발달장애인부를 앞서 이끌어가고, 교인들이 경건하고 신실하다고 인정하는 분들이 발달장애인부에서 봉사하는 것이 좋다. 발달장애인부 교사는 갈수록 그런 존재가 되어가야 한다. 교회의 당회원이나 중직자들이 로테이션으로 발달장애인부에서 봉사하는 것도 좋다.

IV. 신언행 일치

교사는 자신이 믿는 것(信)과 말하는 것(言)과 행하는 것(行)이 일치하여야 한다. 이름 하여 '신언행 일치'다. 그래야 교사 스스로 자기 모순이나 자괴감에 빠지지 않고, 언제 어디서나 당당하고 자신 있게 교사로서의 직무를 감당할 수 있다. 그렇지 않으면 자신이 가르치는 바에 자신도 없고, 기쁨이나 보람도 없거니와 주위의 사람들로부터 좋은 소리를 듣지 못하고, 학생이나 학부모나 동료 교사들로부터도 인정받지 못하게 된다. 교사는 기본적으로 개인적인 경건생활에 힘써야 한다. 매일매일 주님에 대한 감사와 사랑을 고백하고, 기도와 말씀 생활에 힘쓰고, 삶의 모든 자리에서 복음에 합당하게 전도하고 봉사하며 살아야 한다. 이것은 교사이기 전에 성도로서 마땅한 기본적인 삶이다.

교사는 믿는 것에 지적으로 동의하고, 정적으로 공감하고, 실생활에서 실천해야 한다. 발달장애인부 교사가 알고 믿고 실천해야 할 것이 여러 가지 있다. 자세한 것은 이어지는 3장(신앙론)에서 다루기로 하고, 여기서는 중요한 것 한 가지, 곧 장애인에 대한 복음적 이해만 언급하고자 한다. 교사는 자기가 맡은 장애 학생에 대한 신앙적 이해 없이 인간적인 동정이나 연민으로 사역을 해선 곤란하다. 발달장애인부 교사는 장애인에 대한 복음적 이해를 자신의 것으로 이해하고, 고백하고, 소망하여야 한다. 그럼, 복음적 장애 이해, 기독교적 장애관은 무엇인가?

복음적 장애관에서 제일 중요한 첫 번째는 하나님이 장애인, 발달장애인을 사랑하신다는 사실이다. 여기서 잠깐, 교회에 왜 발달장애인부가 생겼는지에 대해 한번 생각해 볼 필요가 있다. 발달장애인 가정의 요청, 교회와 비장애인들의 필요도 있겠지만, 가장 근본적인 이유는 하나님이 발달장애인을 사랑하신다는 것이다. 이것은 꼭 형식적으로 발달장애인부의 설립을 의미하는 것은 아니다. 발달장애인부가 교회에 없거나 사라져도 무방하다. 하나님은 모든 사람이 예수 그리스도를 믿고 구원받기를 원하신다. 하나님은 그 누구도 어떤 이유로 구원에서 소외되기를 원치 않으신다. 세상엔 차별이 많지만, 하나님에겐 차별이 없다. 그런데 장애인, 특히 발달장애인은 가지고 있는 장애 특성상 복음을 듣고 이해하며 받아들이는 데 어려움이 있고, 또한 교회에 와서도 다른 분들과 함께 말씀을 이해하고 함께 활동하기에 여러 어려움을 겪는다. 그래서 발달장애인에게 예수 그리스도의 복음을 전하고, 또 교회에서 발달장애인들이 마음껏 예배드리고 비장애인과 어울려 함께 교회를 섬기는 일에 도움을 주고자 발달장애인부가 세워지게 된 것이다. 발달장애인부는 일차적으로 발달장애인의 신앙과 교회 생활을 위해서 설립되었지만, 또한 교회가 예수 그리스도의 온전한 몸으로 존립하기 위하여 존재한다. 장애인이 존귀히 여김을 받으며 함께 은혜 받고 봉사할 수 있는 교회가 진정한 예수 그리스도의 교회이다. 발달장애인부는 교회로 하여금 진정한 교회가 되도록 존재한다. 또한 발달장애인부는 교회 밖으로도 발달장애인이 하나님의 귀한 자녀임을 알리고, 또 발달장애인이 하나님 나라의 귀한 일꾼으로 일할 수 있도록 돕는다.

발달장애인부 교사는 장애인, 특히 발달장애인에 대해 바른 신앙적 이해를 가지고 있어야 한다. 단순한 이해 정도가 아니라 그것을 자신의 신앙과 사명으로 무장하여야 한다. 이것에 대한 확신이 없다면, 발달장애인부 교사는 이러저러한 일을 겪을 때마다 실망과 의심, 회의와 자괴감에 빠지기 쉽다.

1. 장애인, 특히 발달장애인도 하나님의 형상으로 지음 받은 존귀한 존재이다(창 1:27-28). 장애가 있든 없든, 인간의 존엄성과 가치와 권리에는 차이가 없다. 다른 어떤 장애보다도 발달장애는 지식과 정보를 전달하고, 교제하고 소통하기에 어려움을 겪는다. 이따금 발달장애인을 차별하고 배제하려는 사람이나 사태를 마주하게 된다. 그럴 때마다 발달장애인부 교사는 발달장애인이 여느 사람과 다르지 않은 존귀한 존재이며, 무엇보다 하나님이 사랑하시는 존재라는 사실을 확고히 가지고 있어야 한다.

2. 장애인, 발달장애인도 죄인이다. 장애가 있다고 해서 죄로부터 제외되거나 면제되는 것은 아니다. 모든 인간은 자기중심적이며 욕

심, 교만, 정욕, 증오, 시기, 분노, 폭력, 차별 등으로 인해 하나님 앞에서 죄인이다. 발달장애인은 때로 통속적이지 않은 순진무구함 때문에 죄가 없거나 때로 죄를 구현하지 못하는 연약함 때문에 죄가 없다고 오해하기 쉬운데, 결코 그렇지 않다. 여느 사람과 마찬가지로 발달장애인도 영영 죽을 수밖에 없는 죄인, 아니 그리스도를 떠나서 이미 죽은 죄인일 뿐이다. 그래서 장애인, 발달장애인 또한 예수 그리스도의 구원이 절대적으로 필요한 존재이다.

3. 그래서 장애인, 발달장애인에게도 예수 그리스도의 복음이 반드시 전해져야 한다. 예수님을 믿는다면 누구든지 구원을 받을 수 있다. 구원의 길은 장애인과 비장애인에게 다르지 않다. 복음은 모든 사람에게 똑같이 주어지는 하나님의 은혜이다. 그래서 발달장애인부의 우선 목적은 발달장애인에게 복음을 전하고, 그리하여 발달장애인이 예수 그리스도를 믿어 구원받으며, 교회에 신앙의 뿌리를 내려서 건강하고 행복한 신앙생활을 하도록 돕는 데에 있다. 발달장애인이 교회에서 예배드리며 은혜 받고, 하나님께 영광 돌리는 삶을 살 수 있도록 돕는 것이 발달장애인부 교사의 사명이다.

4. 발달장애인이 예수 그리스도를 구주로 영접하면, 그도 교회 공동체의 정당한 일원이 되며, 하나님 나라의 동등한 시민이 된다. 교회의 한 지체로서 교회 공동체를 구성하며, 교회의 사명에 참여하게 된다. 교회는 발달장애인을 귀히 여기고, 교회에서 함께 은혜 받으며 함께 사역을 할 수 있도록 도와주어야 한다.

5. 나아가 발달장애인도 복음을 전하는 증인, 즉 하나님 나라의

일꾼으로 세워질 수 있다. 아니, 세워져야 하고, 당연히 세워지게 되고, 함께 사역을 감당하게 된다. 발달장애인부 교사의 목표는 발달장애인이 복음을 누리고, 복음의 삶을 살고, 복음의 증인이 되도록 돕는 데에 있다. 이것은 발달장애인이 단지 보호와 돌봄의 대상을 넘어, 복음의 사역자로 성장하도록 돕는 일이다. 영적 재활이 진정한 재활을 가능케 한다. 모든 재활의 기초와 핵심은 영적인 재활에 있다. 예수님 믿고 영적 재활이 일어나야 인생의 재활이 가능하다. 예수님 믿고 복음의 사역자가 되어야 진정으로 자립한 인생이며, 하나님 나라를 위해 이웃과 세계를 섬기는 값진 인생이 된다.

V. 신앙의 본

발달장애인부 교사는 학생을 가르치기 전에 먼저 자기 자신을 돌아보아야 한다. 교사 역시 죄와 허물로 죽었던 자였으나, 예수 그리스도의 은혜로 구원받은 존재이다. 성령의 감동이 있기에 교회에 나오고, 은혜를 받고, 하나님께 받은 사랑을 나누며 복음을 전하는 사명을 감당한다. 성도는 세상 어느 곳에 있든지, 직장, 가정, 지역사회, 모임, 혹은 어떤 상황에서든지 예수님의 사랑과 복음을 전해야 한다. 특히 하나님이 발달장애인부 교사로 부르셨다면, 그것은 발달장애인으로 하여금 예수 안에서 구원받은 복된 삶을 살도록 돕는 일을 맡기셨다는 뜻이다. 따라서 발달장애인부 교사는 자신이 받은 은혜와 동일한 시선으로 발달장애인을 바라보아야 한다. 발달장애인이 교회에서 예배드리고, 은혜 받으며, 하나님 나라의 일꾼으로 살아갈 수 있도록 양육하고 지원하는 것이 곧 교사의 일이다.

교사는 학생들에게 믿음의 본이 되어야 한다. 발달장애인부 교사도 마찬가지다. 발달장애인부는 부서의 특성상 교사 한 명이 학생 한 명을 1대1로 담당하곤 한다. 이 구조는 교사가 한 학생의 신앙적 성장을 전적으로 돌볼 수 있게 한다는 장점이 있지만, 동시에 교사의 신앙이 온전하지 못할 경우 그 학생의 신앙 형성에도 부정적인 영향을 미칠 수 있다는 한계를 지닌다. 따라서 교사는 먼저 자기 신앙을 바로 세워야 하고, 그리고 자신의 전인격적인 삶을 통해서 학생에게 신앙의 본을 보여주어야 한다.

교육 중 최고 방법은 교사가 몸소 본을 보이는 것이다. 그런 점에서 교사는 먼저 매일 자신의 경건생활에 힘써야 한다. 기도하고, 성경 읽고, 복음 전하며, 선행을 실천해야 한다. 먼저 예배 시간에 학생들에게 본이 되어야 한다. 공식적으로 그리고 제일 확실하게 학생을 만나는 시간이 부서 예배 시간이다. 교사는 예배에 늦지 말고, 먼저 와서 학생을 반가이 맞이해야 한다. 학생과 함께 기도하며 예배를 준비하고, 찬양할 때는 기쁨과 감사로 찬양하며, 헌금할 때는 정성을 다해 드려야 한다. 학생에게 예배 순서의 의미를 알려주고, 매 순서마다 최선을 다해 참여하도록 지도해야 한다. 또한 교사는 예배 시간만 아니라 교회에서 하는 모든 일에 신앙의 본을 보여야 한다. 그 모습을 통해 학생들은 자연스럽게 예배와 교회생활에 임하는 자세를 배우게 된다. 교사는 단순한 도우미나 보조인이 아니라 영적 지도자이며 신앙의 모델이다. 학생들이 교사를 통해 예수님의 모습을 보고, 교사를 통해 복음을 느끼며, 교사를 통해 교회의 사랑을 경험할 수 있어야 한다.

VI. 교사, 보호자, 상담사, 사회복지사, 대변인, 생활지도사, 활동지원사, 인생설계사, 친구 …

발달장애인부 교사는 무엇보다 신앙 교사이다. 먼저 발달장애인에게 예수 그리스도의 복음을 전하고, 구원의 복음과 바른 신앙생활을 가르친다. 복음, 성경, 기도, 찬양, 신앙, 교리, 신앙생활, 교회생활 등. 이것이 교회 교사로서 기본적인 교육 내용이다. 이것을 단순히 지식적으로 전달하는 것만 아니라 학생 스스로 그렇게 믿고 고백하고 살아내도록 훈련하고 점검하고 지도해야 한다. 교사는 이것을 몸소 보여주어야 한다.

발달장애인부 교사의 교육은 구원과 신앙에만 머물러 있지 않다. 아니, 보다 솔직히 말하면 머물러 있기 힘들다. 왜냐하면 구원의 복음과 신앙생활을 교육하기 위해서는 함께 교육해야 할 것이 너무나 많기 때문이다. 복음과 신앙이 사람의 삶에서 별개의 것으로 뚝 떨어져 있는 것이 아니다. 교육하기 위해서도 그렇고, 살아내기 위해서도 그렇다. 성경과 찬양만이 아니라 언어, 의사소통, 자기관리, 대인관계, 사회생활 등 가르쳐야 할 것이 많다. 교사가 모든 것의 전문가도 아니고 모든 것을 다 잘할 수는 없다. 그러나 최선을 다해야 한다.

발달장애인부 교사는 교사를 넘어서 때에 따라 발달장애인의 보호자, 상담사, 사회복지사, 대변인, 생활지도사, 활동지원사, 인생설계사 등 다양한 역할을 감당하게 된다. 때로 부모를 대신하여 보호자 역할을 하게 된다. 경우에 따라 학교, 병원, 경찰서 등에서 보호자로 자처하기도 한다. 때론 발달장애인이 현실에서 마주하는 일에 마음을 달래주고 방법을 제시해주는 상담사, 위로자, 격려자가 되기도 한다. 나아가 정부와 사회의 실질적인 도움을 알아봐 주고 연결해주는 사회복지사가 되기고 하고, 때로 억울한 일을 당하거나 자기주장을 해야 할 때는 대변인, 변호인이 되기도 한다. 또한 발달장애인에게 일상생활을 가르쳐주고 자립생활을 돕는 생활지도사가 되기도 하고, 세상에서 교육과 활동과 노동을 돕는 각종 지원사가 되기도 한다. 때로는 재능과 은사를 발견하여 교육과 활동의 길을 열어주기도 하고, 결혼과 취업과 동호회를 연결해주기도 한다. 교회와 사회에서 친구와 지인을 만들어 주기도 하고, 함께할 모임을 찾아주기도 한다. 발달장애인의 앞날을 위해 함께 인생을 전망하고 설계해 주는 공동 인생설계사나 후견인 역할을 감당하기도 한다. 그러다 보면 교사는 발달장애인과 크고 작은 고락을 함께하는 평생의 친구가 된다. 교사가 발달장애인의 모든 것을 다 해줄 수는 없다. 다만, 가장 중요한 것은 이 모든 과정에서 오직 믿음으로 하는 것을 보여주며 가르쳐주고, 오직 믿음으로 살아내도록 지도하는 것이다.

발달장애인부 교사가 슈퍼맨은 아니다. 무슨 대단한 지식과 능력이 있어서 발달장애인의 모든 문제를 다 해결할 수 있는 존재가 결코 아니다. 오히려 그 반대다. 교사도 죄인이고 연약한 사람일 뿐이다. 다만 먼저 부름 받고 교사로 보냄을 받은 것뿐이다. 능력은 오직 하나님께 있다. 그래서 기도하는 것이다. 교사는 부여받은 사명과 직분에 따라 하나님의 은혜와 능력을 구하며 최선을 다해 봉사할 뿐이다. 사실 교사도 어려움 가운데 있다. 고난 없는 인생이 없다. 사노라면 교사도 사고, 질병, 장애, 실직, 이혼, 빈곤, 소외 등 수많은 어려움을 겪는다. 그러므로 교사는 발달장애인에게 만능해결사가 아니라 함께 기도하며 어려움 속에서도 믿음으로 살아가는 본을 보여주어야 한다. 교사는 부서에서 다른 교사는 물론 학생인 발달장애인에게도 자신의 기도제목을 나누며 기도를 부탁해야 한다. 그러고 보면 교사는 발달장애인과 함께 험한 인생길을 걸어가는 친구이고, 교회와 부서를 섬기는 동료이고, 하나님의 일을 함께하는 동역자이다.

VII. 신앙의 가족 지원

발달장애인부 교사는 맡은 학생으로 인하여 학생 가정과 관계를 맺게 된다. 먼저 장애자녀를 양육하는 학부모와 제일 많이, 제일 깊이 연결된다. 처음에는 학생의 신앙과 교회생활을 위하여 연락한다. 그것은 발달장애학생의 교육지도의 일관성과 또 현재 상태에 대한 점검을 위해서이다. 주일날 학생의 상태를 점검하는 것은 그날의 예배와 교회활동을 지도하는 데 있어서 중요하다. 또한 주일에 교회에서 어떤 일이 있었는지, 어떤 가능성을 발견하게 되었는지를 전해주고 나누는 것은 중요하다.

발달장애인부 교사는 비단 장애 학생의 신앙지도만 관련해서 학부모와 소통하는 것은 아니다. 교사는 학부모와 함께 발달장애학생의 신앙을 넘어서 건강, 교육, 생활, 진로 등 인생 전반에 대해서 함께 논의하며 기도하게 된다. 인생의 어려움을 겪을 때면 부모와 함께 문제를 해결하고자 기도하며 노력하게 된다. 그러다 보면, 교사는 학부모의 신앙에도 관심을 갖게 된다. 주일에 발달장애인부에 자녀를 맡기고 학부모는 본당 주일 낮 예배에 참석하도록 권면한다. 신앙이 아니고는 장애자녀를 바르게 키울 수도 없거니와 장애자녀를 키우노라면 지치고 낙심하고 시험에 들기 쉽다. 교사는 장애자녀를 수용하는 일에서부터, 장애자녀를 양육하고 자립시키는 일 등 인생의 모든 일에서 부모님의 좋은 동료가 될 수 있다.

학생으로부터 시작된 관계가 가정 전체로 확장되기도 한다. 가정심방이나 전화심방을 통해서 기도제목을 나누다보면, 교사는 또 하나의 가족이 된다. 꼭 장애학생만이 아니라 그 가정 전반에 관심 갖고 기도하게 된다. 학부모뿐 아니라 장애학생의 형제자매들과도 알고 지내게 된다. 교사의 가족이 학생의 가족과 좋은 사귐의 관계로 연결되기도 한다. 교사는 때로 학부모와 비슷한 연배인 경우도 있고, 때로 그 형제자매들과 가까운 연령에 있을 수도 있다. 같은 교회에 다닌다면, 교사와 학생의 식구들이 교구나 구역, 청년대학부, 남녀선교회나 다른 부서에서 만나 교제할 수도 있다. 교사는 발달장애인의 부모와 형제자매 등 온 식구들이 예수 믿고 구원받고 신앙생활을 하도록 힘써야 한다. 그 가정이 교회에 믿음의 뿌리를 잘 내리고 좋은 교인이 되도록 도와주어야 한다. 교사는 발달장애인의 가정이 행복한 믿음의 가정이 되도록 기도하며 도와야 한다.

VIII. 부서 동역자

사랑부 교사는 부서에서 홀로 존재하지 않는다. 교사는 부서에서 학생뿐 아니라 또한 부서에서 교역자와 다른 동료 교사들과 함께 존재하고 사역한다. 부서 안에는 여러 직분 또는 직책들이 있을 수 있다. 교회마다 제도가 다르고 부서마다 형편이 다를 수 있지만, 대개 부서에는 담당교역자, 부장, 부감, 총무, 서기, 회계, 찬양팀, 찬양대, 활동담당, 교육담당, 반장과 담임교사, 보조교사 등이 있다. 교사는 부서에서 어떤 직책을 맡든지 함께하는 교사들을 사랑하고, 존중하고, 협력하여야 한다.

한 부서에서 어떤 분과 어떤 관계를 맺고, 어떻게 사역하는가는 매우 중요하다. 부서 전체의 분위기에도 영향을 끼치지만, 개인적으로 교사와 학생들의 인격과 생활에도 큰 영향을 미치기 때문이다. 교회도 그렇듯이 부서도 혼자서 모든 일을 다 할 수는 없다. 발달장애인부가 부서의 크기는 작아도 목회의 범위와 내용에서는 큰 교회 못지않다. 그래서 교사는 서로 돕고 도움을 받아야 한다. 발달장애인부는 '교회 안의 교회'라 할 수 있다. 교사는 담당교역자의 목회를 잘 도와주고, 다른 교사들의 도움 요청에 성실히 협력해야 한다. 부서에서 함께 일하는 기쁨과 행복을 누릴 수 있어야 한다. 교사는 학생에게 본이 될 뿐 아니라 다른 교사들에게도 본이 되어야 한다.

발달장애인부는 교사와 학생이 1대1로 구성되는 부서 특성상 교사들 간의 유대나 학생들 간의 유대가 약할 수 있다. 자신이 담당하는 학생에게만 집중하다 보면, 자칫 다른 교사나 학생에게 관심을 기울지 못할 때가 있다. 그래서 발달장애인부에서 종종 신입 교사가 부서에 적응하지 못하고 소외되는 경우가 발생하기도 한다. 교사는 부서 공동체로 관심을 넓혀야 한다. 다른 교사와 학생에게도 관심을 가져야 한다. 발달장애인에겐 부서의 모든 것이 그가 살아가는 또 하나의 작은 세계이다. 교사는 부서에서 나 혼자, 내가 맡은 학생만 아니라 여럿이 함께하는 공동교육, 협력교육을 고려해야 한다. 발달장애인부는 교회에서 하나의 작은 공동체로서 공동체 의식과 사귐과 목표를 공유할 수 있어야 한다.

IX. 발달장애인부 홍보대사

발달장애인부 교사는 교회에서 발달장애인부의 홍보대사가 되어야 한다. 발달장애인부는 대개 교회의 한 부서로 존재한다. 발달장애인부 교사는 자신이 속한 부서만이 아니라 교회 전체를 바라보는 시야를 가져야 한다. 자칫 발달장애인부에 있다 보면, 부서이기주의나 부서차별주의나 부서피해의식에 빠지기 쉽다. 발달장애인부 교사는 넓게 보고, 멀리 볼 줄 알아야 한다. 교사는 교회 안에서 발달장애인부가 어떤 의미를 지니는지, 또 발달장애인 사역이 교회의 사명과 어떻게 연결되는지를 이해하고 있어야 한다.

발달장애인부 교사는 교회 중심에 서 있어야 한다. 발달장애인부만 생각하다가 교회 전체를 생각하지 못해선 곤란하다. 담임목사의 목회방침이나 교회 전체의 전통과 흐름을 잘 따라야 한다. 발달장애인부가 교회 안에서 하나의 고립된 섬이 되어선 안 된다. 교회 당국이나 여느 교인들이 접근할 수 없는 철옹성이 되어서도 안 된다. 어느 교인이든 관심 갖고 자유롭게 드나들 수 있는 부서가 되어야 한다. 발달장애인부가 교회 공동체와 별개로 돌아다녀서도 안 되고, 교회공동체가 나아가는 방향에 반하여서도 안 된다. 발달장애인부 교사는 교회 중심에 서 있어서 교회와 발달장애인부, 교회 내 타부서와 발달장애인부를 연결하는 통로가 되고 다리가 되어야 한다.

한때 발달장애인부에 교사가 몰린 적도 있었지만, 코로나 이후 작금의 상황은 결코 녹록치 않다. 한국의 출산율 저하, 기독교의 쇠락, 그리고 젊은 세대의 자기중심적 성향과 기존 봉사자의 노령화, 어려운 봉사를 꺼려하는 사회 분위기는 교회 발달장애인부에도 그대로 반영되어 있다. 교회에서 발달장애인부 봉사로의 진입이 결코 쉽지 않다. 교사들이 이 장벽을 허물고 문턱을 낮추고 좋은 교인들을 봉사의 자리로 초대해야 한다. 발달장애인부를 귀하고 아름답고 가치 있는, 무엇보다 하나님이 사랑하시고 귀하게 사용하시는 부서로 소개하고 홍보하는 일을 몸소 보여주어야 한다.

발달장애인부 교사는 교회의 모든 일에 본을 보이고 열심을 내어야 한다. 발달장애인부 교사가 자기 부서에만 몰두한다면 교회나 다른 교인들에게 좋은 영향을 줄 수 없다. 발달장애인부 교사는 교회의 기본적인 조직에 들어가서 열심을 내고 본을 보여야 한다. 대부분의 교회가 가지고 있는 기본적인 조직은 예배, 교구구역, 남녀선교회이다. 발달장애인부 교사가 부서 예배만 드리고 가면 안 된다. 교사는 교회의 모든 공 예배에 성실히 참여하고, 또한 교구와 구역과 남녀선교회에도 열심히 활동하여야 한다. 그리고 교회 차원의 절기행사나 연중행사에도 준비위원이나 실행위원으로 참여하여야 한다. 이것은 교사 자신의 신앙을 교회 중심으로 건강하게 유지하는 동시에 발달장애인부 또한 교회 안의 부서로서 교회 전체와 긴밀히 연결시키게 된다. 열심히 특심한 분들은 교회 안에서 또 다른 부서들, 예를 들어 교육부, 찬양대, 미화부, 차량부 등에서도 봉사하는데, 일상생활에 무리가 되지 않는다면 좋은 일이다. 발달장애인부 교사는 교회 내에서 자신이 속한 예배, 교구구역, 남녀선교회, 다른 봉사 부서에 가서 발달장애인부에서 받은 은혜를 나누고, 기도를 부탁하고, 또 발달장애인부가 하는 사역과 행사를 소개하며 협조를 구해야 한다. 개인적인 신앙도 나누지만 또한 부서의 은혜도 나눌 수 있어야 한다. 그렇게 하면 발달장애인부가 교회에서 고립되는 일 없이 자연스럽게 녹아들게 될 것이다.

발달장애인부 교사는 발달장애인부 사역을 주변에 알리고, 다른 부서의 사람들에게 이 사역에 관심을 가지도록 이끄는 역할을 해야 한다. 젊은 세대나 신입 교인들에게 발달장애인부는 좋은 믿음의 훈련장이자 영적 성숙의 학교가 된다. 발달장애인부 교사는 교회 전체의 사역에 주요 임무를 맡아 참여해 보아야 한다. 다른 부서에서 임원으로 봉사하고 발달장애인부로 돌아오는 것도 좋은 경험이다. 시야가 넓어지고, 교회 전체를 보는 눈이 생기며, 그 경험이 결국 발달장애인부를 더욱 건강하게 발전시키는 밑거름이 된다. 발달장애인부 교사가 다른 성도들에게 인정받고, 신앙적으로 성숙한 모습을 보이면, 주위 사람들은 발달장애인부에서 섬기면 신앙이 성장한다고 느끼게 될 것이다. 그 결과 발달장애인부에 새로운 교사들이 자연스럽게 유입되고, 교회 안에서 발달장애인부 사역에 대한 관심이 확산될 것이다.

X. 사회의 장애인 사역자

발달장애인부 교사는 교회에만 속한 존재가 아니다. 실제로 그는 세상에서 더 많은 시간을 보낼 것이다. 발달장애인부 교사를 하노라면 교회 밖에서 장애인을 만났을 때 자연스레 눈길이 가고 계속해서 관심을 갖게 된다. 교사는 교회 안에서는 발달장애인과 그 가족이 신앙 안에서 행복하게 살아가도록 돕고, 교회 밖에서는 지역사회와 세상을 향해 발달장애인도 하나님의 귀한 자녀임을 알리는 사명을 감당한다. 그는 교회와 세상 사이를 연결하는 그리스도의 사신, 교회 장애인사역의 대사, 교회의 홍보대사가 되기도 한다. 장애인 사역은 교회 안으로 국한되지 않는다.

발달장애인부 교사는 교회 안팎에서 신앙의 본을 보이며, 발달장애인과 함께 세상 속에서 복음을 증거 하는 하나님 나라의 일꾼이다. 교사는 교회를 배경, 마당, 통로 삼아 세상에서 주님의 복음을 전하고 주님의 사랑을 나누는 일꾼이다. 교사가 이러한 사명을 잘 감당할 때 밖에서 만나는 발달장애인들이 교회를 편하게 드나들고, 교회에 뿌리내리고, 지역에서 하나님 나라를 함께 세워갈 수 있다.

발달장애인부에서 봉사하노라면 장애인복지 기관이나 시설에 관심을 갖게 되고, 장애인 관련 법률, 정책, 프로그램들에도 관심을 갖게 된다. 실제로 발달장애인부 교사 중에는 장애인 관련 복지, 교육, 재활 분야에 종사하거나 자원 봉사하는 분들이 제법 있다. 교사가 지역의 장애인들을 만나 예수 그리스도의 복음과 사랑을 전하고 나눌 수 있어야 한다. 좋은 믿음의 교사는 지역사회에서 교회의 이미지를 좋게 심어주기도 하고, 교회와 지역의 장애인복지 기관과 시설을 가교하기도 한다. 교사는 발달장애인과 함께 하나님 나라를 향하여 나아간다.

XI. 결어 : 함께 자라가는 교사

발달장애인부 교사는 발달장애인과 함께 하나님 나라의 꿈을 꾸는 사람이다. 하나님 나라를 향한 꿈은 세상이 생각하는 사회복지의 이념을 넘어선다. 교사는 마지못해 하거나 억지로 하는 것이 아니다. 교사의 직은 오직 주님의 믿음과 소망과 사랑으로 감당하는 것이다. 교사는 발달장애인과 함께하는 교회와 부서는 물론이고, 세상을 향한 하나님의 비전을 품는다.

예수 그리스도를 믿는 사람이라면 누구나 발달장애인부 교사가 될 수 있지만, 일단 발달장애인부 교사가 되면 계속해서 배워가는 사람이 되어야 한다. 발달장애인에게 구원과 신앙, 소망과 사명을 가르치기 위해서 성경, 찬송, 기도, 영성, 교회생활, 사회생활 등을 열심히 배워가야 하고, 또한 발달장애인에게 적절하게 가르치기 위해서 발달장애인 개인은 물론 장애 특성, 사회복지, 특수교육, 재활과 취업 등 다방면으로 계속 알아가야 한다. 무엇보다 내가 맡은 발달장애인을 사랑으로 섬기기 위해서 기도하며 주의 깊게 살펴 기록하고 분석하며 전망해야 한다. 특성과 개성, 장점과 단점, 강점과 약점, 소망과 상처, 가정 형편과 주변 환경, 어떤 때 어떻게 해야 할지 …. 그러다 보면 교사는 어느새 발달장애인 사역의 전문가가 되어 간다.

교회에 발달장애인부를 세우는 것은 단순히 하나의 봉사 부서를 추가한 것이 아니다. 그것은 교회가 장애인과 함께하는 공동체로 나아가겠다는 첫걸음이다. 그러나 세월이 지나면서 교회가 발달장애인부를 그들만의 부서로 밀어내는 경우가 있다. 이제 부서가 생겼으니 모든 것을 그 부서에서 알아서 하라는 식이다. 발달장애인부의 존재는 교회가 그저 발달장애인을 돕는 것이 아니라 발달장애인과 함께 다시금 교회의 본질로 돌아가고, 교회의 사명을 감당하는 데 있다. 발달장애인부는 교회가 하나님의 사랑과 긍휼을 배우는 장이며, 발달장애인 형제자매를 통해 하나님 나라의 다양성과 풍성함을 함께 나누는 자리이다. 따라서 발달장애인부 교사는 단지 내부의 봉사자에 머물지 않고, 교회 전체가 이 사역에 참여하고 협력할 수 있도록 다리 역할을 해야 한다. 교회 또한 전 교인과 부서들이 발달장애인과 발달장애인부에 관심을 갖고 기도하며 연계하고, 단기간이라도 발달장애인부서에서 봉사하도록 하여야 한다. 그러할 때 발달장애인부는 건강하게 성장하고, 교회는 하나님의 사랑을 더욱 넓게 드러내는 공동체로 세워지게 될 것이다. 요약하자면, 발달장애인부 교사는 교회의 중심에서 함께 걸어가는 일꾼이며, 교회와 세상을 잇는 복음의 홍보대사이다. 그의 신앙과 헌신이 발달장애인과 함께하는 교회 공동체를 세우고 하나님 나라를 확장하는 귀한 통로가 된다.

끝으로 발달장애인부 교사는 날마다 교사로서의 소명과 사명을 되새겨야 한다. 교사로 부르시고 세우시고 보내신 분을 소망하고 의지해야 한다. 내 뜻, 내 힘, 내 목표를 이루기 위한 존재가 아니다. 그러므로 항상 겸손히 엎드려 하나님의 뜻을 위해 기도해야 하고, 교회와 부서, 교역자와 동료 교사들을 위해서 기도해야 하고, 무엇보다 발달장애인과 그 가정을 위해 기도하되, 특히 발달장애인의 영육의 강건함과 행복한 삶과 발달장애인에게 주어진 사명 감당을 위해서 기도해야 한다.

———

제3장

교사라면 이것은 알아야 한다

—

최대열

I. 서언 : 신앙의 교사

교회 발달장애인부 교사라면 무엇보다 신앙의 교사여야 한다. 발달장애인에게 언어, 의사소통, 자기관리, 일상생활, 사회생활, 공중도덕, 미술, 음악, 운동 등 다양한 것들을 가르칠 수 있다. 아니, 가르쳐야 한다. 그러나 신앙이 없다면, 그것은 세상에서의 장애인 교육과 별 다를 바 없다. 발달장애인부 교사에게 중요한 것은 학생을 교육하고 대하고 소망하는 모든 것의 기본과 출발과 목표가 다름 아닌 신앙이라는 것이다.

교회 교사는 무엇보다 기독교 신앙을 가르치는 데 목적을 두며, 따라서 신앙교육이 최우선 과제이다. 그렇다면, 교회 교사가 가르쳐야 할 신앙의 내용은 무엇인가? 어떤 이는 이를 교리(敎理)라 하고, 어떤 이는 신학(神學)이라고도 한다. 교리나 신학이라는 단어가 이론적이고 교조적이어서 난해하고 차별적인 뉘앙스를 줄 수 있지만, 그렇다고 해서 그 중요성이 희석되거나 과소평가 되어선 안 된다. 신앙의 내용은 중요한 것이다. 왜냐하면 신앙이 복되고 바르고 의미 있는 인생을 만들고, 바로 그것을 가르치는 것이 교회 교사의 사명이기 때문이다.

먼저 전제할 것은 교사가 그 신앙의 내용을 먼저 알고 믿고 고백하며 살아내야 한다는 것이다. 신앙교육이 일반교육과 다른 가장 큰 차이점은 교사가 그 내용을 전인격적으로 인정하고, 동의하고, 고백하며, 실천한다는 데에 있다. 세상의 교사는 자신이 동의하지 않음에도 지식이나 정보를 전달함으로써 교사의 역할을 수행할 수 있으나, 신앙교육은 단순한 지식이나 정보의 전달이 아니다. 신앙교육은 교사가 그것을 먼저 믿고 살아내며 학생들에게 가르치고 훈련하며 함께 겪어내는 본을 보여주는 과정이다.

그럼, 교사가 믿고 가르쳐야 할 기본적인 신앙의 내용은 무엇인가? 교파나 교단, 때로는 교회에 따라서 다소 다른 전통과 이해를 가지고 있을 수 있다. 예를 들어, 장로교가 하나님의 주권과 예정을 강조한다면, 감리교는 상대적으로 인간의 자유의지와 신앙체험을 강조한다. 루터교가 오직 믿음의 칭의론을 강조한다면, 성공회는 개신교로선 타 교파에 비해 예전과 전통이 강하다. 침례교는 개인 회심을 강조하여 자신의 신앙고백에 의한 성인 침례만 인정하고, 성결교는 중생과 함께 이후로 계속 이어지는 성화를 강조한다. 구세군은 뜨거운 신앙과 군율과 구제와 봉사를 강조하고, 오순절교회는 중생과 성령세례와 방언과 은사를 강조한다. 그러나 예수 그리스도를 유일한 구세주로 믿고, 삼위일체 신앙을 고백하며, 정통 교회와 성도의 교통을 귀히 여긴다면, 이단 사이비가 아니라면, 그것은 그리 큰 문제가 아니다. 여기서는 이 책을 발간하는 발달장애인선교연합회가 속한 대한예수교장로회 통합 측의 신학을 기반으로 하지만, 정통 교회라면 어느 교회든지 동의하고 수용할 수 있는 보편적인 내용으로 정리하여 소개하고자 한다.

II. 신앙교육 : 교리와 영성과 생활

신앙은 단순히 삶의 한 영역이나 차원이 아니다. 신앙교육 또한 교육의 한 분야나 부분이 아니다. 신앙은 성도의 정체성과 삶 전반에 매우 밀접히 관련된다. 신앙은 성도의 정체성을 이루는 근본이며 출발이며 핵심이다. 그래서 신앙은 한 사람의 인생 전체에 관여하고, 더 나아가 그가 관계하는 사람들과 그가 속한 모임에도 영향을 끼친다.

신앙교육은 여러 영역 내지 분야로 나누어 접근할 수 있다. 개인적인 신앙생활, 경건훈련도 있거니와 교회생활, 공동체로서 신앙생활도 있고, 나아가 세상에서 기독교인이 어떻게 살 것인가에 관한 사회생활의 영역도 있다. 구체적으로 성경공부, 교리교육, 영성훈련, 공동체훈련, 사회훈련 등 집중적으로 공부하고 훈련할 분야도 많다. 그것들 중에서 여기선 기본적인 토대가 되면서도 뼈대가 되는 교리교육과 자칫 건조해지기 쉬운 신앙의 감동적인 역동성을 부여해주는 영성훈련을 강조하고자 한다. 교리교육과 영성훈련은 신앙교육의 두 기둥이라 할 수 있다.

교리가 중요함에도 교회 현장에서는 별로 중요히 여기지 않는 경향이 있다. 교리가 딱딱하고 어렵기 때문이다. 교리 없이도 신앙생활을 할 수 있다고 생각하기 때문이다. 자칫 교파와 교단 간의 미묘한 차이 때문에 논쟁과 혼동을 가져올 수도 있기 때문이다. 그런 논쟁은 자칫 신앙의 이론화를 넘어서 사변화, 적대화하는 양상으로 치달을 수 있다. 그러나 교리는 내가 믿는 바가 무엇인지 분명하게 정리해준다. 정리된 신앙은 성도가 혼잡하고 혼탁한 세상을 살아가는데 있어서 꼭 필요한 것이다.

교회의 역사를 볼 때 신앙과 신학, 영성과 교리는 마치 진자의 운동처럼 양 끝을 끊임없이 오가는 현상을 보여 왔다. 그것은 지금도 마찬가지이다. 신앙이 냉랭해지면 뜨거운 체험을 추구한다. 신앙경험을 하고 나면 그것을 이론적으로 정리하고자 한다. 교사는 적어도 자신이 어떤 신앙 전통에 속해 있으며, 무엇을 믿고 있고, 또 어떤 신앙 양태를 가지고 있는지 알고 있어야 한다. 그런데, 그것은 대개 자신이 속한 신앙공동체에서 비롯된 것이다.

이 글은 기본적으로 발달장애인부 교사가 알아야 할 신앙의 기본적인 내용을 교의학 내지 조직신학적 주제에 따라 소개하고, 또 그 주제에 따라 힘써야 할 신앙생활 곧 영성훈련과 경건생활과 사회생활을 정리하고자 한다. 거듭 강조하지만, 중요한 것은 실제로 그렇게 믿고 이해하고 고백하고 증거 하는 바가 교사 자신의 실제 삶이 되고, 바로 그런 내용과 삶이 학생인 발달장애인에게 전수되고 교육되어야 한다는 것이다.

III. 믿고, 가르치고, 함께 살아내야 할 신앙

1. 하나님의 사랑

교회 발달장애인부를 일컫는 대표 이름은 아마 사랑부일 것이다. 그것은 역사적으로 사랑의교회가 발달장애인부를 사랑부로 명명하며 발달장애인부 사역을 선도한 영향이 크다. 하나님은 사랑이시다. 하나님은 나를, 우리를, 우리 교회를, 우리 부서를 사랑하신다. 어려움이 있어도, 시험 환란 역경이 있어도, 심지어 우리가 잘못하고 실수하고 죄를 지어도 우리를 향하신 하나님의 사랑은 변함이 없다. 발달장애인과 그 가족들도 마찬가지다. 아니, 오히려 하나님의 사랑이 더욱 간절하며, 무엇보다 하나님이 그들을 우선 사랑하신다.

하나님의 사랑은 삼위일체 하나님 자신으로부터 근원한다. 하나님이 우리를 사랑하는 것은 우리에게 그럴만한 어떤 자격이 있어서가 아니다. 우리에겐 그럴만한 인격, 성품, 공적, 조건, 가능성이 없다. 하나님의 사랑은 그분 자신으로부터 우러나오는 무한한 긍휼의 사랑이다. 헤세드의 사랑, 아가페의 사랑, 코이노니아의 사랑이다. 아무 조건 없이 우리를 긍휼히 여기시고, 언제나 우리를 사랑하시며 우리와 함께하시고, 우리에게 은혜와 복을 주시고, 우리를 하나님 나라로 초대하시며 하나님의 영광스런 일에 참여케 하신다.

발달장애인부 교사는 하나님이 발달장애인을 사랑한다는 사실을 철석같이 믿어야 한다. 발달장애로 인하여 교육의 효과가 미미하고, 교회에서 봉사하다가 낙심하고 상처받을 때도 있지만, 하나님이 발달장애인을 사랑한다는 사실만은 확고해야 한다. 인생사 모든 것을 다 이해할 순 없지만, 그럼에도 분명히 해야 할 것은 하나님이 나를 사랑하시고, 교회를 사랑하시고, 그리고 내가 맡은 발달장애인과 그 가정을 사랑한다는 사실이다. 그래서 교사는 발달장애인과 함께 신앙생활 하는 것을 하나님이 기뻐하시며, 그 일을 통해서 영광 받으신다는 사실을 분명히 믿어야 한다.

하나님의 사랑이 가장 극명하게 드러난 것이 바로 성자 예수 그리스도의 성육신과 십자가와 부활이다. 성자 예수 그리스도는 성부 하나님과 근본 동등하신 본체시나 우리를 사랑하셔서 우리를 구원하시기 위하여 인간의 몸으로 이 세상에 오셨다. 예수님은 우리를 구원하시기 위하여 자신을 십자가에 내어주셨으며, 우리에게 구원과 의와 생명을 주시기 위하여 사흘 만에 죽은 자 가운데서 다시 살아나셨다(롬 4:25). 이것은 세상 어느 누구도 할 수 없는 사랑이며, 설령 누가 따라한다 해도 그 효력에서 유일무이한 사랑이다.

발달장애인부, 사랑부에는 언제나 하나님의 사랑이 충만해야 한다. 발달장애인부 교사는 학생들에게 그 사랑을 전하고 나누고자 매순간 최선을 다해야 한다. 성경에 기록된 하나님의 사랑을 소개하는 것은 기본이다. 만날 때마다 하나님의 사랑으로 사랑을 고백하고, 축복하며 믿음의 삶을 격려해야 한다. 사랑하기에 여러 계기를 찾아 선물도 전해주고, 애써 칭찬거리를 찾아 아낌없이 칭찬해주어야 한다. 사람은 어떤 장애 가운데서도 사랑을 느끼고 나누게 된다. 하나님의 사랑이 사람을 살리고 세상을 바꾼다. 교사는 발달장애인 자신이 하나님과 교회, 그리고 부서의 선생님과 친구들에게 사랑받고 있음을 알고 느끼도록 해주어야 한다. 이를 위하여 발달장애인부 교사는 주님의 사랑으로 환대, 친절, 위로, 소망, 칭찬, 격려 등을 채워가야 한다.

2. 계시와 성경

성도의 경험에서 보자면, 그리스도론이 먼저일 것이다. 신앙생활은 교리 순서라기보다 예수님의 복음과 사랑을 접하고 그것을 받아들이면서부터 시작된다. 그래서 신앙에서, 교리에서 가장 중요한 것은 예수님을 어떻게 이해하고 받아들이고 고백하는가의 문제이다. 그러나 여기선 이것을 잠시 미뤄두고, 일반적인 조직신학의 순서에 따라 먼저 계시와 성서를 언급하고자 한다.

조직신학은 대개 신앙의 각론을 다루기에 앞서 사람이 어떻게 하나님을 알 수 있는가의 신앙 인식론, 곧 계시론(啓示論)으로부터 출발한다. 현실적으론 예수 그리스도의 복음을 전해 받고 그분을 구주로 믿고 영접하고 고백함으로부터 출발하는데, 이론적으로는 그것이 어떻게 가능한지를 먼저 질문하지 않을 수 없다. 우리가 어떻게 하나님을 알고, 하나님을 믿게 되었는가? 그것은 인간의 이성이나 학문 때문이 아니라 하나님의 사랑과 계시로 말미암아 가능하게 된 것이다. 우리의 지성이 뛰어나거나 지식이 많아서 하나님을 아는 것이 아니다. 우리가 하나님을 아는 것은 하나님이 자기 자신을 우리에게 계시해 주시기 때문에 가능한 것이다.

그럼, 하나님은 왜 자신을 계시하실까? 우리를 사랑하시기 때문이다. 우리를 구원하시고, 우리와 사랑의 관계 안에 거하시며, 우리에게 은혜와 복을 주시고, 그 가운데에서 우리로부터 찬송과 영광을 받기 원하시기 때문이다. 계시는 하나님의 은혜이고 계시에 대한 합당한 반응이 우리의 믿음인데, 그 믿음 또한 하나님의 은혜로 주어진 것이다. 계시는 예수 그리스도의 십자가와 부활에서 절정을 이룬다. 생각해보면, 예수 그리스도를 믿게 된 것이 이미 하나님의 놀라운 은혜이다. 그러므로 교사는 구원과 신앙, 나아가 발달장애인부에서 봉사하게 된 것을 언제나 감사해야 하고, 또 겸손해야 한다. 혹시 주위에 자기 혼자 이성과 학문, 신비와 영지로 무언가 진리를 아는 것처럼 말하는 사람을 주의하고 경계해야 한다.

쉽게 말해서, 하나님의 사랑, 구원, 은혜, 존재, 소망 등을 알게 되는 것은 오직 말씀, 성경을 통해서이다. 성경은 하나님이 자기 자신을 우리에게 알려주시는 계시의 책이다. 성경은 성령의 감동으로 된 것으로 사람이 구원받고, 하나님의 일꾼으로서 필요한 것을 갖추게 한다(딤후 3:15-17). 세상에 수많은 책이 있지만, 성경은 성령의 감동으로 된 하나님의 유일한 말씀이다. 그래서 성경공부와 말씀묵상이 필요하다. 말씀생활 없이 교사는커녕 성도도 될 수 없다. 교회 교사라고 한다면 무엇보다 기도와 말씀에 전문가가 되어야 한다. 성경을 부지런히 읽고 연구하고 묵상할 뿐 아니라 그 말씀을 지켜 살아야 한다. 말씀을 정리하여 학생들에게 쉽게 가르치고, 몸소 말씀을 실천함으로써 본을 보여주어야 한다. 그리고 성경에 대한 공부와 연구는 교회를 중심으로 하여야 한다. 교회 또는 교회가 공인한 교역자와 신학교의 도움과 검증을 받아야 한다. 이단의 성경공부 모임을 조심하고 경계해야 한다. 교사가 자기 마음대로 해석하고 제멋대로 가르쳐선 안 된다. 특히 발달장애인부 교사라고 한다면 성경 말씀을 발달장애인이 알고 이해하기 쉽게 가르쳐야 하고, 적용하고 실천할 수 있도록 구체적인 삶을 제시하고, 몸소 보여주어야 한다. 여기서 발달장애인 성경공부 교재와 실제의 필요성이 제기된다.

3. 나의 주 예수 그리스도

다음으로 조직신학에서는 대개 신론, 삼위일체론을 다루는데, 여기선 발달장애인이 알기 쉽게 그리스도론, 곧 예수님이 누구인가로부터 출발하고자 한다. 기독교 신앙에서 가장 핵심이 되는 것은 바로 예수님을 그리스도, 곧 나의 구세주로 믿고 고백하고, 기뻐하며 찬양하며, 세상 누구에게나 예수님의 복음을 전하는 것이다. 발달장애인도 예외가 아니다. 발달장애인도 당연히 예수 그리스도를 믿어 구원받고, 복되고 의미 있는 삶을 살아야 한다. 이것이 발달장애인부와 발달장애인부 교사가 존재하는 최우선 이유이

자 목적이다.

예수님을 누구라고 생각하는가? 이것은 인생을 결정짓는 중요한 질문이다. 발달장애인이 세례 받는 데에도, 발달장애인이 인생을 살아가는 데에도 가장 핵심 질문이다. 예수님은 누구신가? 예수님은 하나님의 유일하신 아들이시며 나, 우리의 유일한 구세주이시다. 그분은 본질적으로 영원부터 성부와 성령과 함께 계셨고, 경륜적으로 창조부터 심판 이후 영원토록 함께 일하신다. 보다 실감나기는 예수님이 나를 사랑하셔서 나를 구원하시고자 하늘 보좌를 버리고 사람의 몸으로 이 땅 베들레헴 말구유에 오셔서 우리와 함께 사시며 우리에게 하나님 나라의 복음을 전하시고, 결국에는 우리 대신 자기 몸을 십자가 내주어 죽으시고 사흘 만에 부활하심으로써 구원 사역을 완성하셨으며, 우리가 그분을 구세주로 믿을 때 구원받는 은혜를 주셨다는 것이다. 예수 그리스도를 믿음으로 죄 사함 받고, 의롭다 여김을 받고, 하나님의 자녀가 되고, 하나님 나라의 백성이 된다. 교사는 그 사실을 확실히 믿고 발달장애인에게 의심이나 주저함 없이 전하고 가르쳐야 한다. 이것이 기독교의 복음의 핵심이며, 이 은혜를 누리는 사람이 행복한 성도이고, 이것을 전하는 것이 성도의 사명이다.

발달장애인부 교사는 수시로 발달장애인부 학생에게 예수 그리스도에 대해서 묻고, 그의 삶과 교훈과 구원사역에 대해서 가르치고, 예수 그리스도를 믿는 신앙을 확인하고, 함께 고백하여야 한다 (마 16:16, 요 1:12, 11:26-27). 이 신앙고백이 모든 것의 출발이다.

4. 삼위일체 하나님

기독교 신앙의 근간이 되는 교리는 삼위일체론이다. 삼위일체 (Trinity)라는 말은 성경에 직접 등장하지 않는다. 그래서 이를 부정하는 사람도 있는데, 현실적으로 이단을 판가름하는 가장 분명한 시금석이 바로 삼위일체이다. 삼위일체는 고상하고 난해한 교리를 만들려고 해서 만든 것이 아니다. 그 배경은 현실적으로 예수님이 우리를 구원하신 하나님이라고 할 때 구약의 성부 하나님과의 관계에 대해서 묻지 않을 수 없고, 또한 성도의 생활과 교회의 현장에서 성령 하나님의 역사를 대할 때 성부 하나님과 성자 예수 그리스도와의 관계를 묻지 않을 수 없었기에 자연스럽게 제기된 구원과 신앙의 문제였다.

삼위일체는 터툴리아누스(Tertullianus, c. 160~220) 이래 325년 제1차 니케아공의회와 381년 제2차 콘스탄티노플공의회에서 확정되었다. 삼위일체는 간단히 말해 성부 하나님과 성자 예수 그리스도와 성령이 하나라고 하는 것이다(마 28:19, 요 10:30, 고후 13:13). 정통교리는 성부, 성자, 성령의 세 위격이 하나의 본질이라고 고백한다. 그것은 우리의 신앙생활 곳곳에 이미 배여 있다. 교회 장식과 예배와 예식은 물론 찬송에도 담겨있다. 이 교리는 근본적으로 예수 그리스도를 통해 이루어진 구원과 신앙의 삶을 확인하고 고백하고 설명하는 것이다. 발달장애인들에게 삼위일체를 이론적으로 설명하여 이성적으로 이해시키기란 결코 쉽지 않다. 그것은 비장애인들에게도 어려운 일이다. 삼위일체는 이해와 설명보다는 고백과 찬양의 영역에 속한 신비로운 부분이 크다. 교사는 발달장애인과 함께 삼위일체 신앙을 고백하며, 삼위일체 하나님의 구원과 사랑과 권능의 역사를 나누고, 또 삼위일체 하나님을 찬양하는 것을 일상화해야 한다.

5. 하나님의 창조

성 삼위일체 하나님은 서로 안에 사랑으로 존재하며, 또 모든 일을 사랑으로 함께하신다. 창조로부터 심판, 새 창조에 이르는 모든 역사를 삼위일체 하나님이 주관하시는데, 성경에 기록된 첫 사건은 천지창조이다. 하나님이 천지를 창조하시니라(창 1:1). 성부 하나님이 말씀이신 성자와 함께 성령의 운행 가운데 세상을 창조하셨다(창 1:2, 요 1:1-2, 히 11:3). 기독교 신앙은 하나님이 이 세계의 창조자이시며, 주관자이시고, 심판자이심을 분명히 한다.

이 세상을 창조하신 하나님은 전능하신 분이시다. 기독교 초기의 영지주의 이단은 영과 물질의 극단적인 이원론 가운데 물질세계를 창조한 하나님을 열등하고 하등한 신으로 취급하였다. 그러나 이 세상을 창조하신 하나님은 전지전능하신 유일하신 하나님이다. 그래서 사도신경은 "전능하사 천지를 만드신 하나님을 내가 믿사오며"로 시작한다.

성도가 창조주 하나님을 믿는다면, 하나님이 창조하신 물질과 자연 세계도 귀히 여기고 잘 돌볼 줄 알아야 한다. 세상을 창조하신 하나님을 찬양하며, 하나님이 보시는 것처럼 세상을 아름답게 보고 좋아할 줄 알아야 한다(창 1:4, 31). 세상 모든 만물이 다 하나님의 것이다. 모든 것에 하나님의 소유권과 주권을 인정하고, 하나님이 기뻐하시는 세상으로 잘 가꾸고 돌보아야 한다. 하나님이 인간에게 부여하신 권한은 인간 중심의 억압과 착취가 아니라 하나님 중심의 섬김과 돌봄을 위한 것이다(창 1:26-28). 교사는 발달장애인과 함께 우주만물을 보며 창조주 하나님을 찬양하기를 즐거워해야 한다. 발달장애인부의 야외 예배나 외부 수련회는 자연 속에서 하나님을 찬양하기에 좋은 기회다. 장애인을 포함하여 모든 사람을 귀히 여기고, 모든 피조세계, 심지어 풀 한 포기, 돌멩이 하나도 소중히 여기며 창조주 하나님을 찬양해야 한다.

5. 인간, 발달장애인

조직신학에서는 창조론 안에 또는 창조론과 별개로 인간론을 다루기도 한다. 인간은 어떤 존재인가? 인간을 어떻게 바라보고 대해야 하는가? 그것은 자기 자신을 포함하여 주위에 함께 살아가는 이웃과 나아가 인류 전체를 포함한다. 기독교에서 인간이란 하나님 없이 살 수 없는 하나님과의 관계 안에 있는 존재이다. 앞서 2장(교사론)에서도 잠시 소개하였는데, 인간은 하나님의 형상으로 지음 받은 존재이다. 발달장애인도 예외가 아니다. 발달장애인도 하나님으로부터 동일한 존엄과 권리, 은혜와 복을 받은 존재이다. 그러므로 발달장애인을 결코 소외하거나 차별해선 안 된다. 발달장애인 또한 자기 자신을 귀히 여기고, 또 다른 사람을 귀히 여겨야 한다. 자신에게 능력이 있다고 해서 자신보다 심한 장애인을 무시하고 차별하고 지배하려 해선 안 된다.

아담 이래 모든 인간은 죄인이다. 발달장애인도 예외가 아니다.

발달장애인의 경우 혹시 그 조건과 능력의 한계로 죄를 범할 상황과 능력이 부족할지 몰라도 그의 본성은 여느 인간과 마찬가지로 죄로 가득하다. 그래서 하나님의 은혜, 특히 예수 그리스도의 구원이 절실하다. 발달장애인도 예수 그리스도를 믿고 구원받아야 한다. 그것이야말로 하나님이 원하시는 바이며, 교회에 발달장애인부와 교사를 세워주신 이유이다. 그러므로 교사가 가르쳐야 할 많은 것 가운데 최우선, 가장 중요하게 예수 그리스도의 복음을 가르쳐야 한다.

누구든지 예수 그리스도를 믿고 나면 교회의 동등한 일원이 된다. 교회는 예수 그리스도의 몸이다. 교회를 이루는 성도는 그리스도의 몸의 지체이다. 발달장애인도 예수 그리스도를 믿으면, 그의 몸의 한 지체가 된다. 모든 지체가 다 귀하다. 교회에선 연약하면 연약할수록 더욱 귀한 존재로 존중받아야 한다(고전 12:22-27). 교회에서 발달장애인은 당연히 사랑받고 존중받아야 하며, 교회의 모든 일에 불편이나 차별 없이 참여할 수 있어야 한다. 나아가 발달장애인 성도는 교회는 물론 세상에서도 복음과 하나님 나라의 일꾼이 된다. 교사는 발달장애인을 사랑하고 존중하며, 교회와 사회에서 하나님의 일꾼으로 일할 수 있도록 세워가야 한다.

6. 성령

성령은 삼위일체 하나님의 세 위격 중의 하나로 본질상 다른 위격들과 동등하시며 모든 사역을 함께하신다. 성령은 영원한 사랑 안에서 성부와 성자와 함께하신다. 성령은 성부의 영이며 성자의 영이다. 성령은 창조의 영이며 생명의 영이시다. 성령은 사랑과 정의와 평화의 영으로서 이 세상을 운영하시며 역사를 주관하신다. 성령은 구원의 영이자 신앙의 영으로서 사람들로 하여금 예수 그리스도를 믿게 하고, 그를 힘입어 구원을 받고 느끼고 고백하게 한다. 성령은 하나님을 아버지라고, 예수를 나의 구주라고 고백하게 한다. 성령은 위로와 소망의 영이시다. 지치고 상처 입은 영혼을 위로하시며, 하나님 나라에 소망을 두고 하나님의 영광을 위하여 소망들을 품게 하시며, 또 이루어 가신다. 성령은 우리 안에 내주하시며 우리 곁에 함께 계셔서 하나님의 사역에 동참케 하신다. 성령은 진리의 영으로서 하나님의 말씀을 생각나게 하시고, 그 말씀으로 교훈하시며 인도하신다. 성령은 하나님 나라와 복음을 위하여 우리를 일꾼으로 부르셔서 그 일에 힘쓰게 하신다.

성령은 교회의 영으로서 교회를 운영하신다. 예수의 부활 승천 후 오순절 날에 성령이 기도하던 제자들에게 임하셔서 이 땅에 교회를 세우셨다. 성령은 성도들에게 은사를 주셔서 교회를 섬기게 하시고, 교회로 하여금 하나님의 일을 감당하게 하신다. 성령은 사역의 영으로서 성도가 개인적으로 또 교회 공동체로서 하나님의 일을 감당하게 하신다. 성령은 일치의 영으로서 성도들을 주님 안에서 하나 되게 하시며, 교회의 영으로서 교회들을 머리이신 주님 안에서 하나 되게 하신다. 성령은 한 개인의 영으로 제한된 영이 아니다. 성령은 개인을 넘어 국가와 민족의 역사를 주관하시며, 더 나아가 온 우주와 역사를 주관하신다.

성령은 능력의 영으로서 하나님의 뜻 안에서 못 하실 일이 없다. 사람으로서는 할 수 없고, 세상에서는 불가능한 모든 일을 가능케 하시며 이루신다. 성령은 사역의 영으로서 성도로 하여금 이웃을 사랑하고, 세상에 복음을 전하고, 사랑으로 섬기고 나누게 하신다. 성령은 소망의 영으로서 하나님 나라를 바라며 영생을 얻게 하신다. 성령은 우리로 하여금 오늘도 주님 안에서 구원을 누리고, 말씀을 따라 말씀을 이루게 하시며, 사랑으로 살게 하신다. 성도는 성령을 무시해선 안 되고, 성령을 근심하게 해선 안 된다. 성도는 오히려 항상 성령을 의지하고, 하나님에게 성령 충만을 달라고 간구해야 한다(행 13:52, 엡 5:18).

교사는 교사의 사명을 잘 감당하기 위해 항상 성령 충만을 구해야 하며, 또 발달장애 학생의 성령 충만을 위해 기도해야 한다. 무엇보다 하나님이 사랑이듯이 하나님의 영은 사랑의 영이다. 교사는 성령 안에서 모든 것을 학생과 함께 사랑으로 하고, 사랑의 사귐을 이루어가야 한다. 교사는 발달장애인에게 주신 성령의 은사를 발견하고, 그 은사로 교회를 섬기고, 교회를 통하여 하나님의 일에 참여할 수 있도록 도와주어야 한다.

7. 교회

교회는 예수를 그리스도로 믿는 성도들의 공동체이다. 교회는 거룩한 하나님의 백성이고, 예수 그리스도의 몸이고, 성령의 전이다. 교회는 역사적으로 오순절 성령강림으로 생겨났지만, 구약의 시내 광야와 예수님의 말씀 속에서도 교회의 모습을 찾아볼 수 있다(행 2:1-4, 7:38, 마 16:18, 18:17). 교회는 하나님이 택하여 부르신 그의 백성이다. 하나님이 거룩하시니 그의 백성 또한 거룩하다. 성경에서 거룩함은 사람이나 기구 자체에 거룩함이 있는 것이 아니라 하나님이 택하셔서 하나님의 소유로 삼으셨기에 하나님의 영으로 거룩한 것이다. 교회는 사람들이 스스로 모여 만든 세상의 조직이 아니라 하나님께서 택하여 부르신 성도들의 공동체이다. 그래서 성도들은 하나님의 거룩하심을 따라 거룩하고, 거룩해야 하며, 하나님의 부르심을 따라 살고, 그 부르심을 목적으로 한다. 성도와 교회는 세상과 구별된 존재로서 하나님의 거룩한 뜻과 삶을 추구한다. 발달장애인도 예외가 아니다.

주의해야 할 것은 이단과 사이비다. 사실 이것들은 교회라고 할 수 없다. 이단이라는 것이 처음에 보기엔, 겉으로 보기엔 그 정체를 잘 모른다. 그래서 이단이 교리나 신학보다는 친분이나 관계로 접근하기도 한다. 이단은 종종 위로와 도움, 불안과 위협 등을 전략으로 사용하기도 하고, 신앙과 봉사에 열심인 사람들에 대하여 성경공부나 선교대회나 봉사활동을 전략으로 사용하기도 한다. 그러나 이런 이단들이 보이는 행태 중의 하나가 기존 교회를 비판하고 비난하고, 기존 교회에는 구원이 없다고 하며 자신들만이 참된 교회라고 주장한다. 극히 위험하고 경계해야 한다.

교회는 예수 그리스도의 몸이기에 예수 그리스도의 비전과 생애, 곧 그의 사역과 생활을 계승한다. 교회는 예수 그리스도를 머리로 하는 지체인 성도들의 공동체이다. 이것은 유기체적인 한 몸이다. 머리와 지체들이 따로 떨어져 존재하는 것이 아니라 머리와 몸으로, 몸은 각 지체들로 서로 긴밀하게 연결되어 있다. 성도들은 예수 그리스도께서 하나 되게 하신 몸인 교회를 사랑하고, 그 하나 됨을 지키며 맡겨주신 사명을 잘 감당해야 한다. 성도가 주님을 사랑한다면 마땅히 그의 몸인 교회를 사랑해야 한다. 주님을 사랑하는 마음으로 교회를 온 마음과 정성을 다해 사랑해야 한다. 교회를 사랑한다는 것은 교회 건물을 잘 관리하고 행정이나 재정을 잘 관리하는 것을 넘어서 교회의 구성원을 한 몸의 지체로서 사랑하고 돌보며 섬기는 것이고, 또한 모든 지체들이 교회에 주어진 사역들을 함께 참여하여 잘 감당하도록 돕는 것이다. 발달장애인부 교사는 교회와 부서를 잘 섬겨야 한다. 담임목사님과 부서 교역자는 물론, 함께 봉사하는 교사들과 협력하고 동역하여야 한다. 무엇보다 발달장애인을 교회의 동등한 일원, 곧 예수 그리스도의 몸의 귀한 지체로 인정하고 잘 섬겨야 한다.

흔히 교회의 기본적인 직무를 다섯 가지로 소개한다, 그것은 예배, 교육, 친교, 선교, 봉사이다. 발달장애인부 교사는 교회의 직무에 열심히 참여하고, 발달장애인을 존중하고 발달장애인이 모든 직무에 잘 참여하도록 도와주어야 한다.

첫째, 예배다. 예배는 교회의 가장 고유한 직무이다. 교회에서 가장 많이 하는 일도 예배이다. 예배를 통해서 성도는 하나님을 만나고, 하나님은 성도를 만나주신다. 예배를 통하여 하나님께 감사와 찬송과 영광을 돌리고, 예배를 통하여 성도는 은혜와 말씀과 복을 받는다. 그래서 성도는 예배를 사모하고 예배드리기를 기뻐해야 한다. 발달장애인부 교사는 예배를 사모하고 감사와 기쁨과 소망으로 잘 드려야 한다. 발달장애인에게도 그 은혜를 누리도록 도와주어야 한다. 둘째, 교육이다. 교회 교육은 세상의 일반상식이나 전문지식이 아니라 말씀과 신앙교육이며 기독교인으로서의 생활교육이다. 발달장애인부 예배와 별도로 교육 시간이 있으면 좋다. 교회마다 교육 프로그램이 있는데, 발달장애인에게도 마찬가지다. 발달장애인부 교사는 부서 차원의 교육은 물론이고, 부서 성격상 1대1의 특성이 강하므로 담당 발달장애인의 신앙교육에 열과 성을 다하여야 한다. 교회에는 발달장애인부가 있음으로 자연스레 장애인과 함께하는 교육이 된다. 전 교인을 대상으로 장애인과 함께하는 신앙에 대해서 교육할 필요가 있다. 셋째는 친교, 코이노니아이다. 교회는 성령의 교통 안에서 주님의 사랑으로 교제하고 사귀는 사랑의 공동체이다. 성도는 교회에서 주님의 사랑을 구체적으로 교역자와 교인들을 통하여 경험하고 나눌 수 있어야 한다. 교회는 주님의 사랑 안에서 환대와 위로와 치유의 공동체이다. 성도는 교회에서 서로 교제함으로써 사랑을 경험한다. 주님의 사랑이 성도의 사랑으로 구현된다. 교회는 서로 사랑함으로써 세상을 향해 주님의 복음을 증거하고, 세상을 향해 새로운 공동체의 대안을 제시해 준다. 그것은 발달장애인에게도 마찬가지며, 그 현실의 장이 바로 발달장애인부이다. 그래서 발달장애인부에는 사랑의 환대와 섬김과 동행이 넘쳐야 한다. 나아가 교회 전체가 장애인과 함께하는 신앙공동체가 되어야 한다. 전 교인과 모든 부서들이 장애인과 함께하는 동행 프로그램들이 많아져야 한다. 넷째, 선교다. 작게는 예수 그리스도의 복음 증거, 복음 전파이며 넓게는 하나님 나라를 향한 모든 사역을 포함한다. 복음을 위하여 또한 복음을 통하여 이웃과 세상을 섬기는 모든 것을 선교라 할 수 있다. 발달장애인에게 복음을 전하는 것은 매우 중요하다. 발달장애인부의 중요한 사명이다. 교회에 발달장애인부가 존재함은 무엇보다 발달장애인에게 복음을 전하고, 발달장애인이 교회에 와서 함께 예배드리고, 교육받으며 교제하기 위함이다. 그런데 여기서 한 걸음 더 나아간다. 그것은 발달장애인이 언제까지나 전도의 대상자, 선교의 객체가 아니라 또한 전도의 주체이자 선교의 주역이 된다는 사실이다. 발달장애인부는 발달장애인이 거듭난 기독교인으로서 선교의 사명으로 살고, 또 실제로 그렇게 사역할 수 있도록 도와주고 지원해 주어야 한다. 발달장애인은 영적 재활, 신앙의 재활을 하여야 한다. 마지막 다섯째, 봉사, 디아코니아다. 흔히 섬김과 나눔이라고도 한다. 봉사는 교회 내에서 교회 공동체를 위한 봉사도 있고, 교인들 간의 서로를 향한 구제와 봉사도 있고, 또한 교회 밖으로 이웃과 세상을 향한 봉사도 있다. 성도도 이 세상에서 사노라면 생활을 위하여 또 사역을 위하여 많은 것들을 필요로 한다. 그렇다면 교인은 그것을 서로 나눌 줄 알아야 한다. 뿐만 아니라 세상에서 가난과 질병과 사고와 재난과 관계 등의 어려움을 겪는 이웃을 위하여 주님의 사랑으로 나누고 섬길 줄 알아야 한다. 교회 내에서 발달장애인과 그의 가정은 이런 사랑과 돌봄, 섬김과 나눔을 많이 필요로 한다. 그것은 지역의 장애인과 그들의 가정에 대해서도 마찬가지이다. 중요한 것은 봉사 역시 앞의 선교와 마찬가지로 발달장애인이 언제까지나 봉사의 대상이나 객체로 머물러 있는 것이 아니라 오히려 발달장애인이 봉사의 주체가 되고 주역이 되어야 한다는 사실이다. 발달장애인과 그 가족들이 다른 누구보다 발달장애인의 형편과 처지를 잘 알고, 필요와 소망을 잘 알기에 오히려 발달장애인과 그 가정을 더 잘 도와주고 섬길 수 있다.

교회는 발달장애인에게 위로와 소망과 격려의 공간이 되어야 한다. 발달장애인은 세상에서 받은 소외와 차별과 상처에 대하여 교회에서 주님의 사랑으로 위로받고 치유 받으며, 주님이 주시는 소망을 향하여 주님의 주시는 능력으로 나아가야 한다. 교회는 발달장애인에게 이 세상에서 참 빛이요 소망이 되어야 한다. 발달장애인이 교회를 사랑하고 귀히 여기며 함께 은혜 받고, 함께 사역하는 현장이 되도록 하여야 한다. 발달장애인부는 '교회 안의 교회'라고 할 수 있다. 발달장애인부는 작은 부서이지만 사역에서는 큰 교회 못지않다. 일반 교회가 하는 사역이 발달장애인부 안에 거의 다 들어있다.

8. 성례전

교회가 하는 여러 사역 가운데 성례가 있다. 성례(聖禮)란 교회에서 베푸는 거룩한 의식으로 하나님의 은혜에 참여하는 예식이다. 로마 가톨릭교회에서는 일곱 가지의 성례(세례, 견진, 성체, 고해, 혼인, 성품, 병자 성사)를 말하지만, 개신교는 그 중 두 가지, 세례와 성찬만 지키고 있다.

세례란 예수 그리스도를 구세주로 믿어 거듭 난 존재이며 한 교회의 정당한 일원이 되었음을 공식적으로 표하고 축복하는 예식이다. 세례에서 가장 중요한 것은 예수 그리스도를 나의 구주로 믿는 것이다. 영과 진리로 하는 이 신앙고백이면 세례 받기에 충분하다. 여기에는 세상의 어떤 조건도 장애가 되지 않는다. 발달장애인도 이 고백이면 세례 받고, 교회의 정당한 지체가 된다.

다만, 교사는 발달장애인이 이 신앙고백을 잘 할 수 있도록 수고를 아끼지 않아야 한다. 발달장애인부 교사의 가장 주된 목적이 발달장애인에게 예수 그리스도의 복음을 전하여 구원받고 복되고 보람된 인생을 살게 하는 것인데, 그 첫 번째의 공적인 열매이자 증거가 바로 세례이다. 교사는 발달장애인에게 예수님의 복음을 전하고 가르쳐서 예수 그리스도가 나의 구세주임을 믿고 고백하도록 도와주어야 한다. 발달장애인을 위한 세례교육 교재가 절실하다. 발달장애의 스펙트럼이 넓고 다양한 만큼 맞춤형에 가까운 세례와 신앙교육이 필요하다. 그리고 세심하고 온화하게, 소망 가운데 인내하며 교육해 나아가야 한다.

교회마다 전통과 형편이 다를 수 있지만, 세례와 성찬은 전 교인이 함께하는 것이 좋다. 갈수록 장애인과 비장애인이 함께 예배드리는 일이 많고 자연스러워지면 좋을 것 같은데, 적어도 세례와 성찬식만큼은 비장애교인들이 발달장애인을 이해하고 함께 은혜의 예식에 참여하는 것을 기뻐하고 즐거워하면 정말 좋을 것 같다. 세례 교육이나 세례 문답은 따로 하더라도, 예식은 교회 공동체로서 함께하는 것이 좋을 것 같다. 물론 현실적으로 이것이 어려워서 세례 예식을 따로 하거나 성찬식을 따로 하는 교회들도 많다. 발달장애인과 세례와 성찬을 함께하기 위해선 세심하게 준비해야 할 것들이 많다. 무엇보다 예식서들이 많이 있으면 좋을 것 같다.

성찬은 역사적으로 예수님이 십자가에 달리기 전날 밤, 제자들과 함께한 마지막 만찬에서 유래한다. 그것은 단순히 마지막 식사가 아니라 다음 날 감당할 예수님의 십자가의 구원 사역의 의미를 풀어주시고 기념케 하신 예식이었다. 그리고 그것은 또한 나중에 영원한 천국에서 온 성도들이 주님과 함께할 하나님 나라의 만찬을 소망하게 한다.

신학적으로 보면, 교파마다 성찬을 설명하는 교리가 약간 다르기도 하다. 로마 가톨릭은 화체설을 주장하고, 루터는 공재설, 츠빙글리는 상징설(기념설), 칼뱅은 영적 임재설을 주장하였다. 종교개혁 당시 로마 가톨릭에 반대하여 종교개혁 진영이 연합하고자 1529년 마르부르크에 모였는데, 이 종교회담(Marburger Religionsgespräch)에서 14개 조항엔 합의하였지만 마지막 15째 성찬의 이해에서 끝내 합의를 보지 못하여 결렬되고 말았다. 지금도 교파에 따라 해석의 차이를 보인다. 그렇지만 그것이 교회를 가르거나 이단을 판가름하는 기준은 아니다.

성찬은 무엇보다 예수 그리스도의 구원의 은혜를 전인격적으로 맛보는 예식이다. 설교가 주로 언어로 은혜를 전한다면, 성찬은 성도가 영육혼, 곧 모든 감각과 행위를 통해서 정신과 생활에 이르기까지 은혜를 채운다. 교인은 설교보다 보다 적극적으로 성찬에 참여하게 된다. 발달장애인의 경우에는 어려운 언어로 전달되는 복음의 은혜보다 실제로 보고 듣고 만지고 맛보고 행동하는 예식을 통해서 복음의 은혜를 보다 생생하게 경험할 수 있다. 다만, 발달장애인부 교사는 학생에게 성찬의 의미와 순서와 방법을 잘 가르쳐

주고, 예행연습도 많이 하여야 한다. 그것은 세례식도 마찬가지다.

9. 성도의 신앙과 생활

조직신학에서 성도의 신앙과 생활을 다루기도 한다. 내용상 이미 앞에 소개한 것들과 중첩되기도 하고, 성격상 교의학이라기보다 기독교윤리에 가깝기 때문에 생략하기도 한다. 그럼에도 여기선 다시 한 번 발달장애인부 교사로서의 실생활을 짚어보고자 정리하였다.

예수 그리스도를 믿고 나면 새로운 인생이 된다. 이전에 나 중심의 삶에서 이제 하나님 중심의 삶이 된다. 이전에 죄와 마귀에게 매여 끌려 다니던 인생에서 해방되어 이제 하나님의 자녀로 자유로운 인생이 된다. 그러나 그것으로 인생의 모든 것이 다 끝난 것이 아니다. 적어도 두 가지를 생각해야 하는데, 하나는 옛날의 구습이 계속 좇아온다는 것이다. 죄의 습성이 남아 있고, 마귀는 다시 나를 종으로 삼고자 계속 유혹하고 협박한다. 성도는 다시 과거의 불쌍한 종의 신세로 돌아가지 않도록 깨어 있어야 한다. 다른 하나는 미래의 소망을 향하여 달려가야 한다는 것이다. 예수 그리스도를 믿으면 그것으로 다 끝난 것이 아니라 이제 새로운 인생이 시작되는 것이다. 그것은 하나님 나라와 복음을 위한 거룩한 삶이다. 그것을 사명이라고도 한다. 성도가 되고 나면, 성도는 나를 구원해주신 주님을 사랑하고, 주님께 감사하고 찬양하며, 주님의 놀라운 은혜를 증거 하는 삶을 살게 된다. 선교와 봉사가 기본이다.

다시 옛 사람으로 돌아가지 않기 위해서, 또 하나님이 주신 새로운 삶을 잘 감당하기 위해서 성도는 기본적으로 말씀과 기도 생활에 매진해야 한다(행 6:4, 딤전 4:5). 깨어 기도하지 않으면 마귀의 침략에 무너지기 쉽고, 말씀을 굳게 서지 않으면 마귀의 궤계에 넘어지기 쉽다. 그래서 성도의 가장 기본적인 삶이 바로 기도와 말씀, 말씀과 기도이다. 발달장애인부 교사의 기도와 말씀 생활은 단순히 교사 자신만을 위한 것을 넘어선다. 왜냐하면 그에게는 발달장애인과 그 가족들이 함께 연결되어 있기 때문이다. 교사는 자신을 위한 기도를 넘어서 교회와 부서, 그리고 발달장애인과 그 가족들을 위해서 중보하며 기도하여야 한다. 말씀생활도 교사 자신만의 영적 양식이 아니라 받은 말씀의 은혜를 발달장애인과 그 가족들과 함께 나누기 위해 더욱 열심을 내야 한다.

성도의 삶이 하나님 나라를 향한, 하나님 중심의, 하나님께 영광을 돌리는 삶이라면, 교인의 삶은 구체적으로 교회에서, 교회를 통하여, 교회와 함께 수행되어야 한다. 성도의 가장 기본적인 교회생활은 주일예배 참석, 십일조 생활, 그리고 교회의 치리에 복종하는 것이다. 이것은 귀찮고 성가신 일이 아니다. 내가 이것들을 지키는 것이 아니라 사실은 이것들이 나를 지켜주는 것이다. 성도가 주일 성수 하지 않고, 십일조 생활 하지 않고, 교회와 무관하게 자기 마음대로 신앙생활 한다면, 좋은 교인이 되기는커녕, 언제 마귀에게 낚아 채일지 모르는 신세가 되고 만다. 발달장애인부 교사는 최소한 이 단계는 이미 넘어선 분들이다.

좋은 교인은 교회를 중심으로 살아간다. 교회를 은혜의 터전으로, 삶의 터전으로, 그리고 사역으로 터전으로 삼아서 예배드리고 봉사하고 선교하며 살아간다. 교회에서, 특히 발달장애인부에서 교사로 봉사한다고 하면, 이런 생활을 기본으로 가지고 있어야 한다. 꼭 발달장애인부의 일이 아니더라도 교회가 하는 모든 일에 교인으로서 열심히 참여하고 기도하고 지원하여야 한다. 그리고 발달장애인부 교사로서 부서에 헌신하여야 한다.

성도의 삶은 교회만이 아니다. 앞의 2장(교사론)에서 이미 언급하였지만, 교사는 교회, 부서에서만 아니라 가정, 학교, 직장, 동호회 등 사회의 모든 모임에서도 좋은 성도로서 예수 그리스도의 편지가 되고 향기가 되어야 한다(고후 2:15, 3:3). 그래서 성도가 가는 곳에 복음이 전파되고 사랑이 전달되어 갈수록 더 좋은 곳이 되어가야 한다. 발달장애인부 식구들, 곧 발달장애인과 교사들이 가는 곳마다 작은 천국이 되기를 소망하며 기도해야 한다.

성도는 사회에서 만나는 어려운 이웃을 사랑으로 잘 섬겨야 한다. 선한 사마리아인의 비유에서 드러나듯이 우리의 도움을 필요로 하는 모든 사람이 우리의 이웃이다. 발달장애인부 교사라고 해서 발달장애인만 도와야 하는 것은 아니다. 그럼에도 불구하고 발달장애인부 교사는 어디를 가든지 그곳에서 장애인들에게 눈이 가게 된다. 그래서 장애인, 발달장애인을 생각하고 그분들이 더 행복하게 살고 이용하고 활동할 수 있도록 사회 전반을 생각하게 된다. 그곳에서의 장애인에 대한 인식 개선, 장애인을 위한 편의시설, 장애인과의 건설적인 만남, 발달장애인을 위한 법률 제정과 제도 개선 등. 당장 발달장애인부 교사 개인이 무엇을 할 수 있는 것은 아닐 것이다. 그러나 발달장애인부 교사라면 어느새 나도 모르게 자연스럽게 내가 속한 모든 곳, 내가 활동하는 모든 곳에서 그런 생각을 하게 된다. 하나님 나라를 향한 소망을 품고 기도하게 된다. 교사는 하나님의 뜻이 이 땅에서 이루어지고, 하나님 나라가 이 땅에 임하도록 항상 기도해야 한다.

10. 마지막 때

교의학의 마지막 주제는 대개 종말론이라고 알려진 것이다, 종말론은 말 그대로 종말(終末), 곧 마지막에 관한 것이다. 마지막이란 작게는 인생의 마지막 곧 사람이 죽고 난 다음에 어떻게 되는가 하는 개인적 종말과 또한 크게는 이 우주 곧 세계가 끝나면 어떻게 되는가 하는 우주적 종말이 있다. 종말론은 신학적으로 우주적 종말론에 관심을 갖지만, 성도는 현실적으로 주변에서 자주 겪게 되는 지인의 죽음과 언제나 마주하게 되는 자신의 죽음 앞에서 그 후를 생각하게 한다. 종말론에 관하여는 교파마다 신학마다 세부적인 부분에서 여러 차이들을 보인다. 그러나 확실한 것은 성도에겐 종말로 모든 것이 다 끝나고 무로 사라지는 것이 아니라 하나님이 준비하신 새로운 세계 곧 새 예루살렘과 새 창조가 있다는 것이다. 천국이 있고 영원한 생명이 있다.

교회의 역사를 보면, 종종 시한부 종말론이 있었다. 곧 지구 멸망, 예수 재림의 날을 못 박고 그 날을 준비한 사람들만 천국에 들어가게 된다는 주장이다. 그러나 그것들은 다 거짓으로 드러났다. 예수님의 말씀처럼 때와 시기는 오직 성부 하나님의 권한에 속한 것이다(행 1:6-7). 혹시 주위에 지금도 종말의 날을 특정하고 주장하는 사람이 있다면, 주의하고 경계해야 한다.

종말론에서 보다 중요한 것은 성도가 영원한 하나님 나라를 꿈꾸며 오늘을 마지막이라는 자세로 믿음과 소망과 사랑으로 최선을 다해 살아가는 것이다. 흔히 이것을 종말론적 삶, 종말론적 윤리라고 한다. "마라나타, 주 예수여 어서 오시옵소서!"를 외쳤던 초대교회 교인들처럼 성도들은 항상 오늘을 마지막으로 알고 최선을 다해야 한다(계 22:20). 발달장애인부에서 발달장애인과 함께 신앙생활을 할 날이 무한정 주어지는 것이 아니다. 어느날 갑자기 교사가 부서를 떠날 수도 있고, 학생이 세상을 떠날 수도 있다. 교사는 오늘도 교회와 부서를 사랑하고, 발달장애인과 그 가족과 동료 교사들을 사랑해야 한다. 오늘을 마지막으로 알고 최선을 다해 사랑하고, 최선을 다해 봉사하여야 한다.

IV. 결어 : 오늘도 최선을 다하는 교사

자신이 속한 교파, 교단, 교회에 따라 강조하는 교리나 교리에 대한 해석이 다소 차이가 있을 수 있지만, 정통교회라고 한다면 아마 앞서 소개한 내용에 대해서 대개 동의하고 공감할 것이다. 교리가 우리의 신앙의 이론적 토대와 뼈대를 구성한다. 이 교리에 동의와 공감의 고백을 실제 생활에서 열정적으로 실천하여야 한다. 공감과 열정의 생활이 되기 위해서 끊임없이 영성과 경건생활에 힘써야 한다. 교사가 바로 서야 학생이 바로 설 수 있다. 물론 예외는 있을 수 있다. 그러나 일반적으로 좋은 교사 아래에서 좋은 학생이 자란다.

교회마다 교회의 역사와 전통, 담임목사님의 목회철학에 따라 강조하고 집중하는 것이 다를 수 있다. 교회의 분위기나 신앙의 양태도 많이 다를 수 있다. 발달장애인부 교사는 자기가 속한 신앙공동체의 교리와 전통, 문화와 양태를 잘 알아야 내적으로 요동함 없이 학생에게 분명하게 가르치고, 세상에서 하나님 나라와 복음을 위하여 학생과 함께 열심히 살아갈 수 있다. 하나님의 일을 감당하고, 누군가를 돕고 섬기는 일의 가장 기본은 기도이다. 기도 없이 하나님의 일을 할 수 없을뿐더러 해서도 안 된다. 발달장애인부 봉사도 그렇다. 기도의 자세는 겸손과 진실과 믿음이다. 기도의 가장 기본은 내가 내 힘으로 무엇을 할 수 없기에 하나님의 긍휼과 도움, 지혜와 능력을 구하는 것이다. 내가 내 힘으로 하게 되면 그 결과와 영광 또한 나의 것으로 귀결되는데, 기도는 그 모든 것을 온전히 하나님의 것으로 돌리게 한다. 기도는 진실함으로 하는 것이다. 나의 신앙의 수준이 어떠하든지 내가 무엇을 구하든지, 심지어 아무리 세속적인 것을 구한다고 하더라도 하나님 앞에서는 진실해야 한다. 진실하면 겸손하게 된다. 그리고 무엇보다 기도는 믿음으로 하는 것이다. 하나님이 반드시 내 기도, 우리의 기도를 듣고 계시며 하나님이 보시기에 가장 좋은 것으로 응답해 주신다는 사실을 확실히 믿어야 한다. 그래서 하나님은 그런 믿음의 기도를 기뻐하신다. 겸손과 진실과 믿음은 서로 하나로 연결되어있다. 겸손한 기도가 진실한 기도이고 진실한 기도가 믿음의 기도이며, 그 역도 마찬가지다. 기도는 결국 하나님의 뜻, 하나님의 나라와 하나님의 의를 구하게 한다. 기도는 하나님의 일에 참여하게 하는 가장 기본적인 일상이다. 그래서 발달장애인부 교사는 기본적으로 하나님 나라와 복음, 교회와 발달장애인부, 부서의 교사와 학생과 가정을 위해서 기도하게 된다.

교리교육은 모든 교인에게 매우 중요하다. 성경 공부와 신앙훈련 나아가 사회생활에 대한 교육 모두 다 중요하다. 그런데 그 기본 뼈대가 되는 것이 교리라고 할 수 있다. 교리, 교의에 대한 강압적인 편견 때문에 고리타분하고 교조적이고, 때로는 비이성적이고 때로는 사변적이라고 생각하기 쉬운데, 사실 교리는 성경을 기초로 한 신앙생활의 가장 기본적인 토대와 뼈대를 제공해 준다. 하나님과 인생과 세계를 바라보는 시각은 물론이고, 성경과 신앙과 교회와 사회를 바라보는 관점도 제공해 준다. 그리고 이단과 사이비, 나아가 세상의 철학과 사조로부터 신앙을 지키고 분별할 수 있게 해준다. 교사는 자기가 무엇을 믿는지 알아야 학생들을 제대로 가르치고 지도할 수 있다.

하나님이 내게 줄로 재어준 구역을 가장 귀하게 여기고, 내게 붙여준 소떼와 양떼에 마음을 두고 최선을 다해서 돌보고 보살펴야 한다(시 16:6, 잠 27:23). 교회에서 발달장애인부 교사로 임명하였으면 발달장애인부가 주님 중심, 교회 중심으로 믿음과 소망과 사랑 가운데 잘 운영되도록 최선을 다하여야 하며, 무엇보다 부서의 발달장애인이 교회 안에서 믿음 생활을 잘 할뿐만 아니라 가정과 사회에서도 온전한 기독교인으로서 기쁨과 기도와 감사의 생활을 하

며, 하나님 나라의 일꾼으로 사역할 수 있도록 잘 세워주어야 한
다. 그것이 발달장애인부 교사의 사명이다.

제4장

친구들을 만날 때부터 예배다!!
"발달장애인부서의 환영과 환대"

—

이상록

발달장애인부서의 예배는 예배 전, 친구들이 교회에 오는 것을 '환영하고 환대하는 것'에서부터 시작된다고 해도 과언이 아니다. 다시 말해서 친구들을 찾아가 함께 만나 교회로 오고, 친구들과 만남을 준비하고, 예배실에서 친구들과 반갑게 만나는 그 순간부터 우리의 예배는 이미 시작된 것이다.

이러한 발달장애인부의 【환영과 환대】는 시간의 흐름과 활동에 따라서 크게 세 부분으로 나누어서 생각해 볼 수 있다. 첫째는 만나러 찾아가는 부분(**주중 소통, 송영서비스**), 둘째는 맞이하기 준비 부분(예배실 셋팅, **교사경건회**), 셋째는 환영 및 맞이하기 부분이다. 그럼 이제 각각의 환영과 환대의 서비스 내용들을 살펴보면 다음과 같다.

I. 찾아가기

1. 주중 소통

예배 전 '찾아가기'는 우선 부모님 혹은 친구들과의 '주중 소통'
에서부터 시작된다. 이와 같은 '주중 소통'은 전화나 SNS, 알림장[1]
과 같은 다양한 소통 도구를 통해 이루어진다. 우리는 예배로 친구
들을 만나기 전, 친구들이 한 주간 삶의 자리에서(가정과 학교, 복지관,
일터 등에서) 어떻게 지냈는지에 대해 소통할 필요가 있다. 이와 같은
'주중 소통'은 친구들을 향한 선생님(교역자)의 관심과 사랑이 전달
되도록 하는데 가장 큰 목적이 있다. 아울러 한 주간 친구들의 주
요 활동과 건강 상태 등 친구들의 생활에 대한 정보들을 통해 친구
들의 삶을 공유하며, 친구들과 공감대를 형성하여, 보다 잘 이해하
고 맞이하기 위함이다. 이와 같이 예배로 만나기 전, '주중 소통'에
서 구체적으로 파악해야 할 내용들을 살펴보면 다음과 같다.

■ 친구들이 한 주간 각각의 삶의 자리에서(가정과 학교, 복지관, 일터 등에서) 어
  떻게 지냈는지?
■ 특별히 예배나 활동에 참조할 만한 감정변화나 어려움을 경험하는 일
  (event)이 있었는지?
■ 칭찬하고 함께 축하해야 할 일이 있는지?

---

1) 일반적인 교육 현장에서 발달장애 학생과 부모, 교사 간의 원활한 소통을 위한 알림장은 학생
의 선호도, 행동 특성, 일과를 공유하는 핵심 도구로 사용되고 있음. 발달장애인부서의 경우, 특
별한 알림장 도구를 만들지 않더라도 주보 혹은 소식지에 부서의 행사나 활동에 대한 정보를 제
공하고, 주보나 소식지에 부모님들이나 친구들의 피드백을 적을 수 있는 공간을 만들어 가정과
서로 주고받으며 소통할 수 있음. (전화나 SNS 소통 등을 꺼리는 경우도 소통 가능).

■ 맞이하는 주일 예배와 활동에 대한 안내
■ 맞이하는 주일 예배 참석 여부 확인(지난주 예배에 빠진 경우라면, 빠진 이유와
상황에 대해 묻고 나누기) 등

이렇게 '주중 소통'으로 수집된 내용은 담임교사와 교역자가 공유하여 친구들의 예배와 활동 참여에 참조할 수 있도록 한다. 또한 친구들의 상황이나 부모의 관심과 이해를 바탕으로 예배와 교육, 활동을 위한 자료를 만드는 데 사용될 수 있도록 한다.

이러한 소통의 과정을 통하여, 직접적인 심방의 필요를 확인한 경우, 교역자와 담임교사의 심방을 통하여 보다 깊은 교제와 나눔을 할 수 있도록 한다. 특히 위로와 상담이 필요한 경우, 심방을 통하여 가정의 참된 위로를 구하고, 장애를 둔 가족의 어려움을 함께 나누도록 한다. 또한 기도 제목의 공유를 통하여 예배 공동체가 함께 기도할 수 있도록 한다.

2. 송영 서비스

발달장애를 가진 이들 중에는 스스로 이동하여 원하는 목적지까지 가는데 어려움을 겪는 친구들이 있다. 그래서 대개는 보호자인 부모님들의 도움을 받아서 이동한다. 이렇게 부모님들과 함께 교회에 오는 경우는 교회에서 부모님들과 만나 적극적으로 교류하면서 친구들의 감정, 상황 등을 전해들을 수도 있고, 또 발달장애인부서 활동에도 적극적으로 함께 할 수 있게 된다. 반면에 부모님이 신앙생활을 하지 않은 경우라면, 교회까지의 이동이 발달장애인들이 신앙생활을 하는데 방해 요소로 작용할 수 있다. 이렇게 교회와

의 거리·장애정도·인지능력·생활환경 등의 이유로 혼자서 교회에 오지 못하는 발달장애인 친구들이 보호자의 이동 지원을 받을 수 없는 경우, 발달장애인 친구들의 예배와 부서 활동을 위해 부득이 교회에서 차량을 준비하여 교회와 집을 오갈 수 있도록 찾아가는 송영서비스[2]를 제공하고 있다. 이와 같은 송영서비스 제공 시 참고해야 할 몇 가지 내용들을 정리해 보면 다음과 같다.

■ 【송영서비스】를 제공하게 될 경우, 교회에서 운행 중인 셔틀을 이용하거나, 봉사자들로 구성된 이동봉사팀(**혹은 차량운행팀**)을 통해 교회에 구비 되어 있는 차량이나 개인의 차량을 운행하여 이동을 지원하는 방법 등이 있다. 특별히 휠체어 등의 이용으로 일반차량으로 이동이 어려운 경우, 휠체어 리프트 차량을 구비 하여 운영할 필요가 있다. 이와 같이 차량 운행을 통해 【송영서비스】를 제공하게 되는 경우, 특별히 안전사고에 유의해야 할 필요가 있으며, 만약의 경우를 대비해 보험이 적절하게 적용될 수 있도록 해야 한다.[3]

■ 【송영서비스】를 제공하게 될 경우, 차량 운전 봉사자와 '송영서비스 지원교사'는 차량 운행에 세심한 주의를 기울여야 한다. 특별히 여러 명의 중증 장애를 가진 이들을 위한 차량 운행 시, 만일의 사태에 대비하여 운전자 이외의 '송영서비스 지원교사'가 반드시 함께 동승해야 한다. 또한 '송영서비스 지원교사'는 차량에 타고 내리는 과정에 반드시 함께하여 친구들이 안전하게 승·하차 할 수 있도록 지원해야 한다.

■ 운행 시, 함께 탑승한 '송영서비스 지원교사'는 각 가정에 도착하기 전, 전화를 걸어 학생의 준비 여부를 확인하고, 친구들이 안전하게 승·하차할 수 있도록 지원한다. 귀가 운행 시에도 '송영서비스 지원교사'는 부모에게 자

---

2) 【송영서비스】는 '보낼 송(送)'과 '맞을 영(迎)'이라는 한자에서 유래된 용어로, 학생들이 가정에서 교회에 올 수 있도록 안전하게 이동시키는 서비스이다.
3) 특별히 교회나 기관의 차량의 경우는 보험 적용에 문제가 없으나, 개인의 차량으로 이동봉사를 하는 경우, 운행에 따른 보험이 적절하게 가입될 수 있도록 지원할 필요가 있다.

녀를 안전하게 인계하여, 혹 있을 수 있는 안전사고 예방에 만전을 기해야 한다.

■ 무엇보다 【송영서비스】는 친구들과 부모님들이 제일 처음으로 만나는 '환영과 환대'의 서비스이다. 【송영서비스】를 통해, 주일 예배에 참여하는 친구들을 환영하고, 부모님들과의 만남을 통해, 그날 친구들의 감정 상태와 전달 사항을 잘 전달받아 각 부서의 담당 교사에게 잘 전달할 필요가 있다.

■ 【송영서비스】는 교회에 도착한 친구들이 '부서 예배실'에 안전하게 도착할 때까지 지속되어야 한다. 이를 위해 '송영서비스 지원교사'가 친구들을 예배실로 인도하여 '담당교사'와 만날 수 있도록 하든지, 친구들의 '담당교사들'이 차량이 도착하는 곳에서 기다려 차량에서 내리는 친구들을 맞이할 수 있도록 해야 한다. 이를 통해, 환영과 환대는 물론 친구들이 안전하게 '부서 예배실'까지 도착할 수 있도록 지원해야 한다.

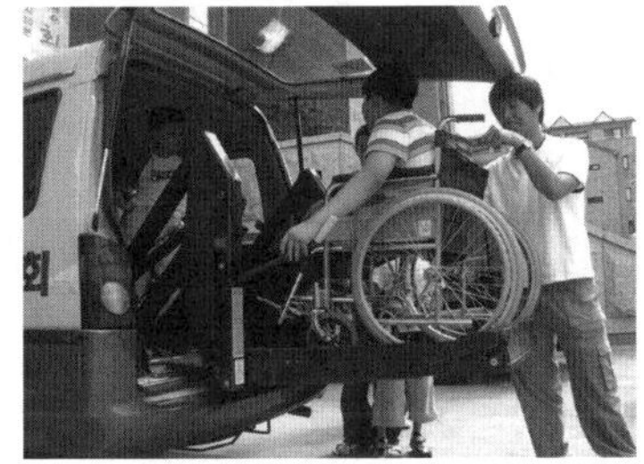

〈사진 1〉 창동염광교회 사랑마을 【송영서비스】 모습

• 【송영서비스】를 통해 교회에 도착한 친구들이 주차장에서부터 '부서 예배실'로 입실하는 동선을 최대한 짧고 용이하게 확보할 필요가 있음.(다수의 친구들을 복잡하고 긴 동선을 따라 인솔할 경우, 길을 잃거나 다른 곳으로 가는 친구들을 제대로 통제하지 못하는 경우가 생길 수 있음.)
• 눈·비 오는 날의 경우, 큰 우산을 미리 준비하여 친구들을 맞이할 수 있도록 함.
• 실내 주차장이 있을 경우, 실내주차장의 승하차 장소를 마련하여, 눈·비를 맞지 않고 들어올 수 있도록 안내하는 것도 환대의 좋은 방법임.

II. 친구들 맞이 준비

3. 예배실 셋팅

발달장애인부서의 예배실은 단순히 모이는 장소가 아니라, 하나님을 만나는 거룩한 자리이자 공동체가 서로를 맞이하는 환대의 공간이다. 특별히 예배를 위해 친구들이 들어왔을 때, 환영받고 환대받는 공간임을 느낄 수 있도록 준비하고 셋팅하는 것이 필요하다. 이를 위해 예배를 위한 환경과 분위기 조성, 예배와 활동의 동선을 고려한 배치, 예배와 활동을 위한 준비물품 셋팅 등을 미리 고려할 필요가 있다. 이와 같은 부서 예배실 점검 및 셋팅과 관련하여 참고해야 할 몇 가지 내용들을 정리해 보면 다음과 같다.

■ 부서 예배실의 점검 및 셋팅은 주일 전에 미리 이루어지는 것이 좋지만, 예배실을 타부서와 공유하는 등 독자적인 부서 예배실 사용이 제한되는 경우, 타부서의 예배나 활동 후 신속하게 부서 예배 준비를 위한 기자재와 교구 등을 설치하고 준비한다.

■ 발달장애인 친구들이 예배드리고 활동할 공간을 미리 정돈하고(**의자, 책상, 헌금함 등**), 날카로운 물건이나 깨지기 쉬운 물건, 작고 삼키기 쉬운 물건 등 활동 시 안전에 문제가 될 만한 것들을 미리 정리·정돈한다.

■ 쾌적한 예배실 환경을 조성하기 위하여 냉·난방기의 온도를 적절하게 조정하고, 소리와 빛에 예민한 친구들이 자극받지 않도록 조명과 음향을 조정한다. 이를 통해 발달장애인 친구들이 안정된 분위기에서 예배와 활동을 할 수 있는 물리적 환경을 조성한다.

■ 주보, 헌금 봉투, 옷걸이, 신발장 등 학생이 들어오면서 순차적으로 거쳐 가야 할 동선에 필요한 물품과 비품이 제대로 놓여있는지 확인한다.

4. 교사 경건회

발달장애인부서의 예배 전 '교사 경건회'는 비록 15-20분 내외의 비교적 짧은 시간이지만, 단순한 준비 모임이 아니라, 친구들을 맞이하기 전, 예배를 섬기는 교사들의 마음과 태도를 하나님 앞에 정돈하는 영적 시간이다. 아울러 '예배-공과-활동'으로 이어지는 '오늘의 예배와 활동들'을 교사들과 공유하고 나눔으로, 전체 부서의 예배와 활동이 의미 있게 진행될 수 있도록 준비하는 시간이기도 하다. 또한 함께하는 기도의 시간을 통해서, 오늘의 예배와 예배 담당자들, 예배에 참여하는 발달장애인 친구들과 교사들, 그리고 발달장애인 친구들의 가정을 위해서 함께 기도하는 시간이다. 이와 같은 '교사 경건회'의 진행은 대체로 다음의 내용으로 진행된다.

- 친구들 맞이하기 전, '교사 경건회' 시간을 갖는다.
- 교사들은 모두 함께 '교사 경건회'에 참여하여야 하며, 기도로 친구들 '맞이'와 '예배'를 준비하도록 한다.
- 교역자 또는 담당자의 진행으로 찬양, 말씀, 활동 공유, 기도의 시간을 갖는다.
- [찬양과 말씀] 경건회의 찬양과 말씀은 해당 주일 예배의 말씀 및 활동과 유기적으로 연결되는 것으로 한다.
- [활동 공유] 찬양과 말씀에 이어 오늘 이루어지는 예배-공과활동-학습활동에 대해서 미리 공유하고 숙지사항을 확인한다.
- [기도] 기도의 시간에는 부서의 친구들과 가정, 교사들과 가정, 그리고 드려질 예배를 위해 함께 기도한다.
- 반별로 담당 교사의 출결 사항을 사전에 점검하여, 교사의 결석 등으로 예배와 학습활동 지원에 문제가 생기지 않도록 조치한다.
- 경건회 후, 예배에 오는 친구들을 맞이할 수 있도록 한다.

III. 환영 및 맞이하기

5. 환영 및 친구들 맞이하기

발달장애인부서는 특히 '환영 및 친구들 맞이하기'가 중요한데, 이는 단순히 인사하는 행위가 아니라, 하나님 안에서 서로의 존재를 확인하고 한 공동체임을 느끼는 중요한 신앙 활동이기 때문이다. 발달장애인부서는 친구들을 맞이하고 환영하는 그 시간부터, 친구들은 예배로 깊이 나아가는 첫걸음을 내딛게 된다. 이와 같은 '환영 및 친구들 맞이하기'의 진행은 대체로 다음의 내용으로 진행된다.

■ 교사는 학생보다 먼저 도착해서 기도로 준비하여, 학생 맞을 준비가 되어 있어야 한다. (가능하면, 예배실 앞이나 차량이 도착하는 곳에서 맞이할 수 있도록 한다.)
■ 발달장애인 친구들과 함께 온 부모님이나 '송영서비스 지원교사'와의 만남을 통하여 친구들의 감정 상태와 부모님의 전달 사항을 잘 확인한다. → 이를 통해 발달장애인 친구들의 심리·정서 상태를 잘 파악하여, 이후 예배와 활동에 적절하게 도움을 줄 수 있도록 한다.
■ 발달장애인 친구들이 '부서 예배실'에 도착하면 교사는 반갑게 환영하며 맞이한다.

> • 이성의 학생을 환영할 경우 밀착적인 스킨십은 피하고, 악수나 하이파이브로 반갑게 환영한다.
> • 친구들을 맞이하며, 명찰·주보·헌금봉투 등 예배에 필요한 물품을 잘 전달한다. (혼자서 예배에 필요한 물품을 가지고 가기 어려운 친구의 경우는 선생님이 챙기거나, 좌석에 미리 가져다 둔다. 혹은 개인용 예배물품 바구니 등을 통해 필요한 예배물품을 전달한다.)

■ 신발 벗기·신발 신발장에 넣기·옷 걸기·제자리 앉기·기도하기 등의 활동을 학생들이 스스로 할 수 있도록 지도하며, 친구들의 능력에 따라 교사의 적절한 지원이 자연스럽게 이루어지도록 한다.(참고: 발달장애인 친구들이 신발이나 겉옷 등을 찾지 못하거나 바뀌는 경우가 종종 발생할 수 있음 – 이를 방지하기 위하여 옷걸이나 신발장에 이름표를 붙이거나, 입실 시 사진을 찍어 확인해 두도록 한다.)

■ 예배실의 해당 좌석에 안내하고, 착석하여 정리가 되면, 우선 교사와 함께 기도하도록 지도 한다.(참고:발달장애인 친구들이 스스로 자리를 찾을 수 있도록, 좌석에 친구들의 사진이나 이름표를 붙일 수도 있다.)

■ 어려운 행동이 있는 학생의 경우, 학생의 심리적인 상황이나 한 주간의 상황에 대해 더 세심하게 파악할 필요가 있다. 아울러 어려운 행동이 안전과 직결될 경우, 특별히 주의하도록 한다.[필요한 경우, 심리 안정실 등 분리된 공간으로 안내하여, 안정을 취할 수 있도록 지원한다.]

■ '환영 및 친구들 맞이하기'를 통해 당일 출결 사항을 확인하고, 지각한 학생과 결석한 학생을 파악하여 현장에서 '전화 심방'을 할 수 있도록 한다. 이를 통하여 늦더라도 출석을 독려하고, 결석한 친구들에게는 부서의 관심과 사랑을 전달할 수 있도록 한다.

제5장

발달장애인부 예배 매뉴얼

—

최대열

I. 서언 : 예배공동체

교회 발달장애인부의 일반적이면서도 최우선하는, 가장 중요한 사역은 예배이다. 실제로 교회 발달장애인부를 생각하면 발달장애인들과 함께 예배드리는 모습이 가장 먼저 떠오른다. 그러다보니 발달장애인부에서 가장 중점을 두는 사역도, 가장 많은 시간을 할애하는 사역도 예배이다. 교회에 여러 사역이 있는데(흔히 예배, 교육, 친교, 선교, 봉사), 예배는 그중에서도 기독교의 정체성과 관련된 교회의 대표적 사역이다.

예배 안에 신앙의 모든 것이 다 있다고 해도 과언이 아니다. 교회나 부서의 형편과 사정상 다른 사역들을 이름 내걸고 하지 못할 수 있다. 현실적으로 발달장애인부가 별도의 선교나 봉사 행사를 못할 수도 있다. 그러나 낙심하지 말 것은 예배 안에 모든 사역들이 다 들어 있기 때문이다. 예배를 기획하는 사람은 그런 점을 고려하여 예배를 더욱 충실하게 준비하여야 한다. 예를 들어, 설교 시간에 교육과 친교와 선교와 봉사를 담아낼 수 있다. 광고 시간에 교회 소식으로 선교나 봉사를, 교우 소식으로 친교와 구제를 담아낼 수 있고, 기도 순서에 선교와 봉사를 담아낼 수도 있다. 친구초청이나 부모초청으로 선교할 수 있고, 통합예배나 역통합예배로 친교와 교육을 담아낼 수도 있다.

그러므로 예배를 잘 준비해서 잘 드려야 한다. 예배는 신앙공동체가 함께하는 기독교의 공적 의식이다. 따라서 예배에 참석하는 분들이 함께 준비하고, 함께 참여하고, 함께 은혜를 받아야 한다. 발달장애인부 예배는 발달장애인들이 관객이 아니라 모두 주체가 되어서 함께 참여하도록 하여야 한다. 발달장애인부는 기본적으로 예배공동체이다.

II. 예배 교육

교회 교사는 세상 교사와 다른 점이 몇 가지 있다. 그중의 하나는 교사도 학생과 함께 예수 그리스도를 알아가는 존재라는 것이다. 세상에서는 교사와 학생을 이분법적으로 교육자와 피교육자(학습자)로 확연히 구분한다. 그러나 교회에서 교사와 학생은 교육 활동을 위한 기능상 구분일 뿐, 사실은 둘 다 예수 그리스도를 본받아 자라가는 존재이다. 그러고 보면, 교회의 교사는 교사라기보다 선배에 가깝다. 그래서 먼저 깨닫고 배우고 받은 것을 전해주는 사람이다.

또 하나는 교회 교사는 자신이 믿는 바를 가르친다는 것이다. 세상 교사는 아는 지식이나 정보만 전달하면 된다. 그러나 교회 교사는 예수 그리스도의 증인으로서 자신이 믿는 바를 가르치고 전하며, 실제로 자신이 몸소 살아간다(행 1:8). 그러고 보면, 교사라기보다 증인에 가깝다. 그래서 교회 교사의 가장 바람직한 교육법은 본을 보여주는 삶이다.

한 가지 더 추가하자면, 교회의 교사는 단순히 가르치는 것만 아니라 실제로 그렇게 살도록 훈련시키고 점검하고 격려해 준다는 것이다. 가르쳐 지키게 하라(마 28:20). 교사라기보다 코치나 트레이너에 가깝다. 지식이 아니라 생활이다. 함께 기도하고 함께 말씀을 나누며 교훈, 책망, 바르게 함, 의로 교육하여서 하나님의 일꾼으로 함께 세워져 가는 것이다(딤후 3:16-17). 교회의 교사는 시각장애인과 함께 마라톤을 하는 가이드 러너(Guide runner)에 비유할 수 있다.

그러므로 교사는 자기 스스로 믿는 바와 살아가는 바가 같고, 또한 자기가 믿는 바와 학생들에게 가르치는 바가 같아야 한다. 그것은 예배에 대해서도 마찬가지이다. 교사는 예배에 관하여 다음과 같은 것들을 스스로 일관되게 고백하고, 또 학생들에게 계속해서 일러주어야 한다.

1) 예배는 귀한 것이다. 예배는 좋은 것이다. 예배는 거룩한 것이다. 예배는 즐겁고 복된 것이다. 2) 예배는 하나님께 감사드리는 것이다. 예배는 하나님을 높이는 것이다. 3) 하나님은 우리의 예배를 가장 좋아하신다. 하나님은 우리가 드리는 예배를 기뻐하신다. 4) 주일에 교회에 나와서 하나님께 예배드리는 것이 세상에서 가장 귀한 일이다. 제일 잘한 일이다. 5) 예배는 하나님께 영광 돌리는 성도의 당연한 의무이자 기쁨인 동시에 하나님의 은혜를 받는 성도의 마땅한 권리이자 기쁨이다. 6) 발달장애인부 학생들(교사들)과 함께 예배드리는 것은 참 복된 일이다. 7) 하나님은 예배 시간에 우리에게 은혜와 복을 주신다. 예배 시간에 우리를 위로해 주시고 치유해 주시고, 소망을 주시고 격려해 주신다. 예배의 가치와 의미를 수시로 가르치고, 학생들을 칭찬하며 함께 예배의 자리로 나아가야 한다. 교사는 주일에 교회에 예배드리러 나온 발달장애인들을 칭찬하고 축복해 주어야 한다. "오늘 네가 교회에 와서 예배드리는 일이 세상에서 제일 잘한 일이다. 가장 복된 일이다. 하나님이 가장 기뻐하시는 일이다."

교회에는 여러 예배가 있는데, 모든 예배가 다 귀하다. 종종 본당의 주일 성인예배를 대예배, 큰 예배, 더 중요한 예배로 생각하고 사랑부 예배를 소예배, 작은 예배, 덜 중요한 예배로 생각하곤

하는데, 결코 그렇지 않다. 예배에는 차별이 없다. 하나님 앞에서 모든 예배는 다 귀하다. 크기, 인원, 수준, 예식, 회중의 부류에 따라 강조나 집중은 있을 수 있으나 차별은 없다. 발달장애인부 교사는 발달장애인부 예배를 귀히 여겨야 한다. 교사는 발달장애인들이 영과 진리로 예배를 드릴 수 있도록 잘 도와주어야 한다. 그리고 또한 주일에 자신이 회중으로 참여하는 본당 예배에도 성실히 참석하여 예배드려야 한다.

III. 예배를 위한 준비

1. 예배 조직

발달장애인부에 예배 기획자 내지 예배 담당자가 있으면 좋다. 더 좋은 예배를 드리기 위해서 예배 전반을 기획하고 준비할 조직이 필요하다. 현실적으로 교회나 부서에서 예배 기획은 대개 교역자가 하고 있는데, 교역자와 함께 기획하고 준비할 임원이나 간사가 있으면 좋다. 부서의 형편에 따라 부장, 부감, 총무, 아니면 그 외의 특별교사가 역할을 대신할 수도 있다. 개인적으로는 교사와 학생 등 여러 명이 참여하는 예배팀(예배부)이 있으면 좋을 것 같다.

2. 예배 순서

1) 교회마다, 부서마다 대개 이미 정해진 예배의 형식, 예배의 순서가 있다. 불편이나 문제가 없다면, 발달장애인들에게 경건하

고 즐겁게 정착된 순서가 있다는 것은 참 기쁘고 감사한 일이다. 발달장애인부의 특성상 예배 형식이나 순서의 변동은 신중해야 한다. 잦은 변동은 삼가고, 작은 변동도 충분한 설명과 훈련으로 학생들의 참여에 무리가 없도록 하여야 한다.

2) 정해진 예배 순서에 가끔 추가되는 특별순서(특순)가 있다. 특순은 그것이 어떤 형식이나 내용인가에 따라서 여러 유익을 얻을 수 있다. 교사나 외부 인사들의 특순은 예배에서 함께 하나님께 영광을 돌리며, 학생들에게 색다른 은혜를 받게 한다(교회학교, 청년대학부, 솔리스트 등). 학생들의 특순 내지 학생들과 함께하는 특순은 학생들에게 예배에 주체적으로 참여하는 기쁨을 확장시킨다(학생의 찬양, 연주, 암송, 반별 특순 등). 예배 담당자나 담당팀은 여러 다양한 특순들을 기획하고, 섭외하고, 준비시키고, 점검하고, 시행하고, 평가한다.

종종 특별예배가 있다. 절기예배는 기본이고, 부서에서 진행하는 특별예배가 있다. 예를 들면, 학부모초청예배, 친구초청예배, 통합예배, 역통합예배, 연합예배, 야외예배, 수련회예배 등. 이런 예배는 은혜가 넘치도록 더욱 잘 준비하여야 한다. 개인적으로는 이런 특별예배에 학생들의 보다 많은 참여를 기획한다.

그 외 예배담당 교사(예배팀)는 원활한 예배 진행을 위해 사전 준비와 전체 일정을 점검한다. 예배의 순서 담당자를 확인 점검하고, 예배에 사용되는 자료들(PPT, 영상 등)을 체크하고, 예배 환경(강단, 강대상, 의자배치, 조명, 음향, 교육게시판, 절기장식 등)을 점검한다. 담임교사는 무엇보다 예배 전에 맡은 학생의 신체적, 정서적, 영적 상태를 점검하고 준비해야 한다. 주일 전날 또는 주일 당일 아침에 부모님과 연락하여 학생의 건강과 심리 상태를 파악하고, 그에 맞게 준비하는 것이 중요하다.

IV. 예배 중 교사 매뉴얼

1. 자세

발달장애인부 교사는 부서에서 예배드릴 때 경건하면서도 적극적인 자세를 가져야 한다. 교사가 먼저 예배의 본을 보여야 한다. 교사가 예배의 본을 보이지 않으면, 학생이 좋은 예배 태도를 갖추기 어렵다. 교사는 예배에 적극적이고 능동적인 자세로 임하되, 자기가 주장하거나 자기를 자랑하려 해선 안 된다. 교사는 모든 순서에 자원하는 심정으로 임하고, 필요에 따라 부여되는 일에 기쁨으로 순종하고, 자발적으로 지원해야 한다. 교사는 예배를 위하여 모든 일에 협력하는 자세를 가져야 하고, 무엇에든지 학생이 함께 참여하도록 권면하고, 격려하고, 도와주어야 한다.

2. 예시 : 명성교회 사랑부

교회마다 부서마다 예배의 형식이 약간씩 다를 수 있다. 그러나 오늘날 한국 교회는 대개 비슷한 예배의 형식을 가지고 있다. 교회 전통에 따라 예식에 차이가 있거나 예배 유형에 따라 순서에 차이가 있을 수 있다. 그러나 예배를 구성하는 요소들은 거의 같다. 예배 선언, 찬송, 기도, 설교, 헌금, 광고, 축도(마침기도) 등은 예배를 구성하는 기본 요소다.

여기서는 명성교회 사랑부의 예배 순서를 하나의 예로 들어 소개한다. 명성교회 사랑부는 주일에 4개의 부서가 예배를 드리고 있다. 시간대 별로 사랑1부는 9시 10분, 사랑2부는 11시 20분에 예배를 드린다. 이 시간대는 본당의 성인 주일예배 시간에 맞춘 것이다. 부모님이나 가족들이 발달장애인 식구를 발달장애인부 예배에 참석시키고, 비장애가족들은 본당이나 교회학교 예배에 참여하기 때문이다. 사랑2부는 연령대에 따라 다시 2A(아동·청소년)부, 2B(청년)부, 2C(장년)부로 나뉘어서 예배를 드린다.

명성교회 사랑부 주일예배 순서는 부서마다 약간의 차이가 있지만, 대략 다음과 같다. 예배에의 부름 – 주기도문 찬양 – 기원 – 찬송가 1장 – 교독문 교독 – 감사와 참회의 기도 – 사도신경 신앙고백 – 찬송 – 대표기도 – 성경봉독 – 광고 – (특순) – 찬양대 찬양 – 설교 – 봉헌 – 축도. 이것은 명성교회 본당에서 진행되는 주일 성인예배의 순서를 따른 것이다. 교회 예배의 통일성을 기한 것인데, 이것은 가끔 발달장애인들이 본당 예배에 참석하거나 비장애성도들과 함께 예배드릴 때 어색하지 않고 익숙하여 자연스럽게 참여하도록 하기 위함이다. 이것은 역으로 비장애인들도 마찬가지다. 비장애인들이 역통합예배로 사랑부에 와서 예배를 드리거나 또는 부서연합예배를 드릴 때 낯설거나 어색하지 않기 위함이다. 사랑2A(아동·청소년)부와 사랑2B(청년)부는 학생들의 연령과 형편에 따라 일부 순서를 달리한다.

1) 자리

대개 부서마다 예배실 안에 반별로 또는 팀별로 자리가 정해져 있다(찬양대, 영접, 헌금봉사 등). 담임교사는 정해진 자리에 담당학생과 함께 앉는다. 서서 진행하는 순서는 자리에서 학생과 함께 일어난다. 학생이 앉고 일어서는 데 어려움이 없으면 교사는 학생과 함께 일어서고 앉는다. 앉고 일어서는 일이 어려우면 교사는 학생에게 맞추어 함께한다. 예배실의 구조와 동선, 음향과 조명 또한 고려하여야 한다. 학생이 선호하는 자리도 있거니와 경건한 예배 분위기를 위해서 학생들의 자리를 적절하게 배치하여야 한다.

2) 순서자

예배는 나 한 사람의 것이 아니다. 교회를 예배공동체라고도 하는데, 예수를 구주로 믿는 성도들이 함께 예배드리는 것이다. 그럼에도 예배의 순서에 따라 선정된 분들이 감당해야 할 부분들이 있다. 예를 들어 사회, 대표기도, 성경봉독, 특순, 찬양대, 설교, 헌금 봉사와 같은 순서들이다. 이 순서들의 담당자는 대개 일주일 전 예배 시간(주보)에 이미 광고가 되는데, 담당자는 주중에 기도하며 준비하여야 한다. 학생이 순서를 맡았으면, 담임교사는 주중에 학생에게 이 사실을 반복하여 주지시켜 주며 함께 준비하여야 한다.

명성교회 사랑부의 경우, 사회는 부장, 대표기도는 교사, 성경봉독은 교사와 학생이 함께한다. 5년 전에는 기도도 학생과 교사가 함께하였었는데, 코로나를 지나며 현실적으로 준비와 진행이 어려워 교사만 하는 것으로 바꾸었다. 모든 순서는 사전에 충분히 준비하고 나름대로 리허설도 해보아야 한다. 기도와 성경봉독은 본당 예배와 마찬가지로 회중석을 바라보며 한다.

찬양대는 예배 전에 일찍이 나와서 연습을 한다. 지휘자와 반주자, 찬양대 학생과 교사가 함께 연습한다. 교사는 가운을 관리한다. 예배 전에 찬양대 가운을 입고 찬양대석에 착석하여 예배를 돕는다. 찬양대는 예배의 모든 찬양에 열심히 참여하여 본을 보인다. 찬양대는 기도송, 찬양대 찬양, 축도송을 한다. 기도송과 축도송은 가급적 확정되어 있는 것이 좋으며, 변경할 경우에는 충분한 연습과 적응 기간을 갖는다.

헌금 봉사는 헌금 봉사자를 세울 수도 있고, 예배 참여를 위해서 반별로 봉사하기도 한다. 전자의 경우에 예배 전에 헌금 봉사자 가운을 입는다. 반별로 봉사하는 부서는 부서 사정에 따라 예배 전에 가운을 입거나 예배 중 봉사할 때 때맞춰 가운을 입는다. 예배 전에 헌금 봉사자의 찬양과 동선을 점검할 겸 리허설을 한다. 교역자의 봉헌 기도에 참여하여 봉헌 마무리까지 봉사한다. 현재 명성교회 사랑부에서는 보조교사들이 헌금 봉사 가운을 정리한다.

3) 일반(담임) 교사

① 예배 순서를 맡지 않은 일반교사는 예배의 모든 순서에 학생과 함께 열심히 참여한다. 주기도문 찬양, 찬송가 찬양, 봉헌송 찬

양을 학생과 함께한다. 간혹 찬송 시간에 찬송하지 않는 교사가 있는데, 그런 경우 대개 담당 학생도 찬송하지 않는다. 특히 찬양대가 찬양대석에 앉아서 찬양을 하지 않는 것은 삼간다. 학생 찬양대의 경우, 교사가 함께 앉지 않기에 각별히 주의시키고 함께 찬양하도록 한다.

② 교독문이나 공동기도문(**감사와 참회의 기도**)은 예배 전, 학생이 입실하였을 때 먼저 기도한 후 안부를 묻고 나서 예배를 준비하는 차원에서 함께 확인하고 연습하여야 한다. 성경본문도 미리 찾아놓고 읽어본다. 사도신경의 신앙고백도 마찬가지이다. 사도신경은 가급적 암송하도록 교육한다.

③ 설교 시간에 교사는 학생과 함께 말씀을 경청한다. 설교 중 찬송이 있으면 함께 부르고, 인사 등 권하는 일이 있으면 함께 순종하고, 설교 중 질문이 있으면 학생들로 하여금 대답하거나 반응할 수 있도록 도와주어야 한다. 상황극이나 퍼포먼스 등 활동이 있으면 즐거이 참여하도록 한다. 가급적 학생 스스로 참여할 수 있게 하고, 시간이 지연되면 힌트나 도움을 주어 설교에 참여하도록 돕는다.

④ 헌금 시간에도 함께 찬송하며 준비한 헌금을 봉헌한다. 교사도 함께 헌금함으로써 본을 보이는 것이 좋다. 헌금하는 자세는 겸손, 경건, 감사로 정성을 다하여야 한다. 명성교회 사랑부의 한 학생은 헌금바구니에 헌금할 때마다 항상 "하나님, 감사합니다."라고 정성껏 말하는데, 주위에 큰 감동을 준다.

⑤ 예배의 마지막 시간인 축도에 조용하면서도 엄숙하게 참여하

며 "아멘"으로 화답한다.

★ Tip : Q-Sheet나 사회자 멘트를 표로 만들어 사용하면 좋다.

4) 임원 및 직무 교사들의 역할

① 부장은 예배의 사회를 보며 전체 상황을 관장한다. 교회에 따라, 경우에 따라 교역자가 사회를 맡기도 한다.

② 부감은 예배 전 준비, 특별학생 관리, 예배 후 간식 및 귀가 지도, 주중 학부모 심방에 주력한다.

③ 총무는 예배 중 모든 사항을 점검하고 지원한다. 예배가 시작하면 문을 닫는다. 예배 시작 후에 오는 학생들을 지정 자리(담임교사)로 인도한다. 예배 중 발생하는 돌발 상황에 대해서 제 일선에서 대처한다. 예배 순서자들을 앞서 확인하고 점검한다.

④ 서기는 예배 전 주보를 제작, 인쇄, 배포한다(영접팀에게 전달). 예배 전이나 후에 새로온 신입 학생과 교사의 신상카드를 기록 보관한다. 예배 후 주일보고서를 작성한다.

⑤ 회계는 예배 전 헌금바구니를 준비하고, 헌금 봉사자(봉사반)을 확인한다. 예배 후 헌금을 정리하여 보고한다. 부서의 재정 일반을 집행한다(예산 신청과 결산 보고).

⑥ 반장은 반에 속한 교사와 학생을 관리한다. 특히 담임교사가 결석하거나 부재한 경우에 학생이 예배에 소외되지 않고 잘 참여하도록 돕는다.

⑦ 찬양교사는 예배 전 찬양을 준비하여 인도한다. 찬양곡의 구

성은 예배팀(교역자 포함)과 사전에 상의한다. 발달장애인 중에는 앞에 나와서 찬양하며 율동하기를 좋아하는 학생들이 있는데, 앞에 나와서 함께 찬양하는 학생들을 자연스럽고도 은혜롭게 참여하도록 지도한다.

⑧ 찬양대 지휘자는 찬양곡을 사전에 예배팀(교역자 포함)과 사전에 상의한다. 찬양대석에 앉은 학생들이 예배를 잘 드릴 수 있도록 돕는다. 예배 후 학생들과 함께 찬양대 가운을 정리한다.

⑨ 영상자료 교사는 자료를 예배 전에 취합하여 정리해 놓는다. 예배를 돕기 위하여 순서에 맞추어 PPT 내지 영상자료를 화면에 띄운다. 기기 고장을 감안하여 대안을 마련해 둔다.

⑩ 명성교회 사랑부에는 발달장애인 보조교사가 있다. 발달장애인 학생들 중에서 신앙의 본이 되는 학생을 보조교사로 세워 예배를 돕게 한다(현재 8명). 사랑부 보조교사는 예배 전 청소, 마이크 세팅, 보면대 설치, 악기 세팅, 주보 접기, 예배 PPT 넘기기, 찬양율동 보조, 찬양대, 특순, 가운 정리, 예배 후 뒷정리 등 많은 일을 하고 있다. 분기별로 보조교사 보수교육을 하고 있다.

V. 예배 중 돌발 상황에 대한 대처

모든 것을 잘 준비한다고 하지만, 돌발 상황은 언제든지 발생할 수 있다. 그래서 돌발 상황(突發 狀況)이다. 인생이 그렇거니와 예배도 그럴 수 있다. 예상 밖의 일이 언제든지 일어날 수 있다. 건물의 전기가 끊어져서 전등, 전자기기 등을 사용할 수 없는 경우도 있다. 항상 일찍 오셔서 예배 사회를 보시던 부장님이 오늘따라 교통체증으로 지각할 수도 있다. 야외예배에 폭우를 만날 수도 있고, 초청예배에 초청자가 한 명도 안 올 수 있다. 그러므로 예배 기획자나 기획팀은 혹시라도 모를 사태에 대해서 제2의 안, 제3의 안을 가지고 있어야 한다.

발달장애인부의 경우에는 학생들이 돌발 행동을 하거나 도전적 행동을 할 때가 종종 있다. 예를 들어 예배 중에 갑자기 큰 소리를 지르기도 하고, 예배실을 돌아다니기도 하고, 화장실을 들락거리기도 한다. 찬양 시간에 고성을 지르는가 하면, 또 누군가는 귀를 막고 짜증을 내기도 한다. 설교 중 상동행동이나 반향어를 하기도 하고, 엉뚱한 질문이나 엉뚱한 행동을 하기도 한다. 때로는 난데없이 옆에 있는 교사나 학생에게 폭력을 행사하기도 한다. 경기를 일으키기도 한다. 담임교사는 물론 총무와 베테랑 교사들이 이에 대해 적절한 대처를 하여야 한다. 여러 번의 경력이 있는 학생들의 경우에는 경험상의 데이터 분석을 통해 미연에 사태를 예방하는 것이 좋다. 이를 위해 부모님과 자주 상담하거나 여러 경험에 대한 노하우를 나누는 것이 필요하다.

교사들은 학생들의 도전적 행동에 대한 대처 방법을 숙지하고 있어야 한다. 그리고 돌발 행동에 대한 대비를 항상 하고 있어야 한다. 이에 대한 교사 교육이 수시로 있어야 한다. 학생들의 도전적 행동의 원인이 무엇인지 관찰 분석하고, 그것이 예배에 긍정적이고 우호적인 방식으로 수용되도록 교육하고 조정하여야 한다.

VI. 예배 평가서

하나님께 드리는 예배에 무슨 평가를 한다는 것 자체가 무모하고 무엄한 일일 수 있다. 그러나 학생들의 예배교육과 신앙성장을 위해서 예배에 참여하는 학생들의 자세와 태도를 정기적으로 평가할 필요가 있다. 그리고 그것은 또한 학생의 예배 교육과 예배 참여에 지속적으로 반영되어야 한다.

2. 예배 평가서에 들어가야 할 문항들은 대체로 다음과 같다.
1) 예배 태도: 성경찬송 소지 여부, 예배시간 출결과 지각, 예배에 대한 신앙고백
2) 예배 전 준비: 입실 후 기도, 성경본문 찾기, 교독문 확인, 주위에 인사, 준비 찬양
3) 예배 순서 참여도: ① 찬송시간 ② 기도시간 ③ 말씀시간 ④ 봉헌시간의 참여도
4) 예배 순서자로서 참여빈도 : ① 대표기도 ② 성경봉독 ③ 특순 ④ 찬양대 ⑤ 봉헌봉사 등
5) 말씀에 대한 삶의 결단과 적용과 실천
6) 받은 말씀을 주위 다른 사람에게 전하거나 나누는 정도
7) 예배에 대한 학생 스스로의 만족도
8) 그 외 특기 사항

★ Tip : 학생의 예배 평가서를 만들어 주기적으로 평가하면 좋다.

정기적인 학생들의 예배 평가서는 학생들의 신앙은 물론이고 일상적인 생활 전반에 관련하여 발달 체크가 가능하다. 착석, 상호작용, 사회관계, 읽기, 말하기, 참기, 규율 지키기 등을 살펴볼 수 있고, 그에 따라 더 큰 계획을 세우고, 더 나은 인생 지도를 할 수 있다. 물론 그 시작과 중심과 결국은 학생들로 하여금 믿음의 예배를 드리고, 예배의 삶을 살게 하는 데 있다. 발달장애인이 비장애인과 함께하는 예배도 많아지면 좋겠고, 또 그 예배에서 발달장애인이나 비장애인이 어색함 없이 서로를 축복하며 함께 기쁘고 감사하게 예배드릴 수 있으면 좋겠다. 무엇보다 발달장애인이 예배를 귀히 여기고, 예배에서 은혜를 많이 받고, 예배를 통해 믿음이 성장하면 좋겠다.

VII. 결어 : 예배 중심의 삶

성도는 예배 중심의 삶을 산다. 예배 중심의 삶이란 시간적으로 주일에 교회에서 한 번 예배드리는 것을 넘어서 인생의 모든 순간을 예배드리는 자세로 살아가는 것을 말한다. 그것은 하나님 앞에서의 삶이고, 주님 안에서의 삶이고, 성령 충만한 삶이다. 현실적으로 주일에 교회에 나와서 예배드리는 것이 예배 중심의 삶을 구성하는 정례적인 기점이 될 수 있다. 그러므로 성도는 주일 예배를 기대하고, 기쁨으로 참여하고, 그 감동과 감격으로 한 주간을 살며 또 기도하고 기다리는 것은 지극히 바람직한 삶이다. 발달장애인의 경우에 이것은 흔한 일이며, 또한 칭찬받아야할 귀한 일이다.

발달장애인부 예배도 한 주간 나아가 평생의 삶을 포함한다. 예배가 발달장애인의 일상을 주관하도록 하여야 한다. 발달장애인들로 하여금 항상 기도하고, 기뻐하고, 감사하며 하나님의 말씀을 지켜 살도록 지도하고 점검해야 한다. 하나님의 사랑, 예수 그리스도의 은혜, 성령의 교제, 교회와 성도의 믿음을 증거하고, 나누며 살도록 지도하고 점검해야 한다. 주중의 가정심방(전화, 문자 포함)시에 지난 주일의 은혜를 상기시키고, 주일에 교회에서 다시 만나 예배드릴 것을 기약하는 것은 꼭 필요한 일이다.

끝으로 발달장애인부에서 정기적으로 예배를 주제로 설교하거나 교육할 것을 제안한다. 예배 순서 하나하나를 주제로 삼을 수도 있다. 예배 자체가 복음이며, 예배의 내용이 복음이다. 장애인이든 비장애인이든 성도라면 누구든지 예배를 바르게 알고 바르게 드리는 것은 꼭 필요한 일이다. 예배를 잘 드리기 위해서 교사매뉴얼(교사의 입장에서)은 물론 나아가 학생매뉴얼(학생의 입장에서)도 필요하다. 교사의 예배 교육은 교사 자신을 위해서도 중요하지만, 또한 학생인 발달장애인의 온전한 예배를 위한 것이기도 하다. 발달장애인부에서는 교사의 예배 교육만큼 학생의 예배 교육도 중요하다.

제6장

발달장애인부서 교사 공과 교육

—

왕하늘

들어가는 말

이번 공과 교육 파트는 교사들이 발달장애인 성도들에게 하나님의 말씀을 가르치는 데 도움을 주기 위해 작성되었습니다. 공과 교육은 단순히 성경 이야기를 전달하는 시간이 아니라, 하나님을 알고 믿음 안에서 자라가도록 돕는 배움의 여정입니다. 그러나 발달장애인 성도들과 함께하는 교육은 일반적인 공과 수업과 다른 이해와 접근이 필요합니다.

특히 이 파트는 처음으로 발달장애인 부서에 들어온 신입 교사들이 쉽게 이해하고 바로 적용할 수 있도록 구성되었습니다. 교사들이 공과를 준비하고 진행하는 과정에서 겪는 어려움에 실제적인 지도 방법과 교육의 원리로 안내합니다. 이를 통해 교사들이 각자의 자리에서 발달장애인 성도들을 사랑으로 섬기며, 하나님의 말씀을 나누는 기쁨을 경험하기 바랍니다.

1. 단순하고 명확하게

발달장애인 성도들에게 말씀을 전할 때 가장 중요한 것은 "단순함"과 "명확함"입니다. 긴 설명 보다 "핵심을 짧고 분명하게" 전하는 것이 성도들의 이해를 돕습니다. 교사가 말하고자 하는 내용이 명확할수록 성도들도 말씀의 의미를 쉽게 받아들일 수 있습니다.

왜 "단순함"이 도움이 될까요?
발달장애인 성도들은 한 번에 많은 정보를 들으면 머릿속이 복잡해지기 쉽습니다. 그래서 설명이 길어지면 "어디가 중요한지"를 놓치기도 합니다. 반대로 핵심이 짧고 분명하면, 마음에 "딱 하나"가 남습니다. 그 하나가 다음 행동으로 이어집니다.

교사가 먼저 "핵심 한 문장"을 정해야 합니다
공과를 시작하기 전에 교사가 먼저 이렇게 준비합니다. "오늘 내가 꼭 전하고 싶은 말은 무엇인가?"

"한 문장으로 말하면 무엇인가?"

[단원 핵심]

한 번에 많은 내용을 가르치기보다 한 가지 주제를 반복해서 전하세요.

짧고 명확한 말은 이해를 돕고, 마음을 여는 열쇠가 됩니다.

단순하게 말해도 그 안에는 하나님의 사랑이 충분히 담겨 있습니다.

1) 짧고 분명한 문장으로 말하기

긴 문장은 이해하기 어렵습니다. 한 문장 안에는 하나의 의미만 담도록 하고, 내용을 분리하여 전해야 합니다. 한 번에 여러 내용을 말하면 학습자는 "어떤 말이 중요한지"를 놓치기 쉽습니다. 그래서 교사는 "지금 이 순간에 꼭 필요한 한 문장"만 말하고, 다음 문장은 잠깐 쉬었다가 이어가는 방식이 좋습니다.

말을 짧게 하면 이런 장점이 있습니다.
- 집중이 더 잘 됩니다.
- 따라 말하기가 쉬워집니다.
- 같은 내용을 여러 번 반복하기 좋습니다.
- 말씀이 마음에 더 오래 남습니다.

그리고 짧게 말할 때는 "주어-동사-내용"처럼 문장 구조를 단순하게 유지하는 것이 도움이 됩니다.

(예: "예수님은 ___하세요." "하나님은 ___하셨어요.")

예를 들어

"예수님은 우리를 사랑하시고, 우리의 죄를 용서하시고, 구원해주세요."라고 한 번에 말하기보다

"예수님은 우리를 사랑하세요."

"예수님은 우리 죄를 용서해주세요."

"예수님은 우리를 구원해주세요."

와 같이 짧게 나누어 말하는 것이 효과적입니다. 짧은 문장은 집중력을 높이고, 메시지를 더 오래 기억하도록 돕습니다.

교사가 바로 적용하는 말하기 방법

한 문장 말하고 2~3초 기다립니다.(학습자가 생각할 시간이 생깁니다.)

같은 문장을 2~3번 반복합니다.(똑같이 한 번, 조금 바꿔서 한 번, 같이 따라 말하며 한 번)

필요하면 몸동작을 붙입니다.(예: "사랑해요"는 가슴에 손, "도와주세요"는 손 내밀기)

연습 1.

긴 문장:

"하나님은 우리와 함께 계시고, 우리를 지켜주시고, 힘도 주세요."

짧게 나누기:

“하나님은 우리와 함께 계세요.”

“하나님은 우리를 지켜주세요.”

“하나님은 우리에게 힘을 주세요.”

연습 2.

긴 문장:

“우리는 하나님께 기도하고, 하나님 말씀을 듣고, 순종해야 해요.”

짧게 나누기:

“우리는 하나님께 기도해요.”

“우리는 하나님의 말씀을 들어요.”

“우리는 하나님의 말씀대로 해요.”

연습 3.

긴 문장:

“우리가 잘못했을 때 하나님께 용서를 구하고, 다시 시작할 수 있어요.”

짧게 나누기:

“우리가 잘못할 때가 있어요.”

“하나님께 ‘용서해 주세요’라고 말해요.”

“하나님은 다시 시작하게 도와주세요.”

단순하고 명확하게 전하는 것은 내용을 “줄이는 것”이 아니라, 말씀의 “핵심을 붙잡는 것”입니다. 교사가 먼저 한 문장으로 중심

을 세우면, 발달장애인 성도들도 그 말씀을 더 쉽게 이해하고 마음
에 담을 수 있습니다. 그래서 공과를 준비할 때마다 "오늘 꼭 남길
한 문장"을 정하고, 그 한 문장을 반복해서 함께 붙잡는 시간이 되
도록 해야 합니다.

2) 어려운 단어는 풀어서 설명하기

교사에게 익숙한 신앙 용어는 발달장애인 성도들에게는 낯설 수
있습니다. 어려운 단어를 그대로 사용하기보다, 이해하기 쉬운 표
현으로 풀어 설명해야 할 때가 있습니다.

신앙 용어는 뜻이 "머리로만" 이해되면 금방 사라집니다. 그러
나 쉬운 말로 바꾸면 그림이 떠오르고, 행동이 떠오르고, 마음에
남습니다.

왜 꼭 풀어서 말해야 할까요?

발달장애인 성도들은 "추상적인 말(눈에 보이지 않는 말)"을 들을 때
어려움을 느끼는 경우가 많습니다. 그래서 교사는 단어를 설명할
때 눈에 보이는 말, 손으로 할 수 있는 말로 바꿔 주는 것이 좋습니
다.

설명하는 기본 원칙

– 한 단어 = 한 문장으로 바꿉니다.

– 뜻을 말로만 하지 말고 표정, 손동작, 그림을 함께 사용합니다.

– 같은 뜻을 다른 쉬운 말로 한 번 더 말해 줍니다.

– 가능한 한 "하지 말자"보다 "하자"로 말합니다. (긍정형)

쉬운 말 예시

아래 예시는 교사가 공과 중에 바로 꺼내 쓸 수 있도록 만든 "말 바꾸기" 예시입니다.

교회 현장에서 자주 나오는 단어들을 중심으로 풀어써보았습니다.

꼭 정답은 아니라 예를 들어 설명한 것으로, 성도들에게 교사가 직접 말을 꾸며보는 것이 좋습니다.

A. 믿음 /구원/ 복음 관련

믿음 → "하나님을 믿고 따라가는 것" / "하나님 손을 잡는 것" / "하나님을 꼭 붙잡는 것"

구원 → "하나님이 우리를 살려 주시는 것" / "하나님이 우리를 안전하게 품어 주시는 것"

은혜 → "하나님이 주시는 선물" / "하나님이 우리를 붙잡아 주시는 것"

복음 → "예수님의 좋은 소식" / "예수님이 우리를 사랑하신다는 소식"

십자가 → "예수님이 우리를 사랑해서 대신 지신 것"

부활 → "예수님이 다시 살아나신 것"

영생 → "하나님과 함께 영원히 사는 것"

천국 → "하나님 나라" / "하나님과 함께 사는 곳"

지옥 → "하나님과 멀어지는 곳"(설명은 조심하고 짧게)

B. 죄 / 용서 / 회개 관련

죄 → "하나님의 마음을 아프게 하는 것" / "사람을 아프게 하는
　　나쁜 선택"

용서 → "미안하다고 했을 때 다시 안아 주는 것" / "다시 기회를
　　주는 것"

회개 → "잘못했어요라고 하나님께 말하는 것" / "다시는 잘못
　　을 저지르지 않는 것"

용서받다 → "하나님이 괜찮다고 해 주시는 것" / "하나님이 다
　　시 시작하게 해 주시는 것"

유혹 → "나쁜 쪽으로 끌어당기는 마음" / "하지 말아야 할 쪽으
　　로 가고 싶은 마음"

시험(시험에 들다) → "마음이 흔들리는 시간" / "믿음이 어려워지
　　는 순간"

C. 하나님과의 관계 / 예배 관련

예배 → "하나님께 마음을 드리는 시간" / "하나님을 사랑한다
　　고 말하는 시간"

기도 → "하나님께 말하는 것" / "하나님께 도움을 구하는 것"

찬양 → "하나님께 노래하는 것" / "하나님을 기쁘게 노래하
　　는 것"

말씀 → "하나님이 우리에게 하시는 말" / "성경에 있는 하나님

의 이야기”

순종 → “하나님 말씀대로 하는 것” / “하나님 말씀을 따라가는
　　　　것”

경건 → “하나님을 소중히 여기며 사는 모습”

거룩 → “하나님께 드리는 깨끗한 마음” / “하나님 편에 서는
　　　　삶”

D. 교회 / 공동체 관련

교회 → “예수님을 믿는 사람들이 함께 모인 곳”

성도 → “예수님을 믿는 사람”

공동체 → “함께 믿는 가족” / “함께 걷는 팀”

사랑(사랑하라) → “친절하게 대하는 것” / “도와주는 것” / “소중
　　　　히 여기는 것”

섬기다 → “도와주는 것” / “먼저 움직여 주는 것”

헌신 → “하나님께 내 시간을 드리는 것” / “기쁘게 참여하는
　　　　것”

E. 성령 / 은사 / 인도 같은 단어(조심해서 쉽게)

성령 → “하나님이 우리 마음에 힘 주시는 분” / “하나님이 우리
　　　　를 도와주시는 분”

은사 → “하나님이 주신 특별한 선물(능력)”

인도하심 → “하나님이 길을 보여 주시는 것” / “하나님이 방향
　　　　을 잡아 주시는 것”

위로 → "마음을 따뜻하게 해 주는 것" / "괜찮다고 안아 주는
　　　것"
평안 → "마음이 편안한 것" / "걱정이 줄어드는 것"

어려운 단어를 쉬운 말로 바꾸는 것은 말을 "줄이는 것"이 아니
라, 말씀을 "더 잘 전하는 것"입니다. 교사가 먼저 쉬운 표현을 준
비하면 발달장애인 성도들도 말씀을 더 편안하게 듣고, 마음에 남
긴 한 문장을 삶에서 따라 해볼 수 있습니다. 그래서 공과를 준비
할 때마다 "오늘 어려운 단어가 있나?"를 먼저 살피고, 그 단어를
"쉬운 한 문장"으로 바꿔서 반복해 전할 수 있는 교사가 되어야 합
니다.

3) 간단한 동작과 함께 설명하기

발달장애인 성도들에게 말씀을 전할 때는 "말로만" 설명하기보
다, 간단한 동작을 함께 사용하는 것이 도움이 됩니다. 동작은 말
보다 더 빠르게 이해를 돕고, 말씀이 머리에만 남지 않고 몸으로
기억되게 합니다. 같은 문장이라도 손동작이 함께 들어가면 집중
이 더 잘 되고, 참여도 자연스럽게 높아집니다.

왜 "동작"이 도움이 될까요?

발달장애인 성도들은 긴 설명 보다 눈으로 보고 따라 할 수 있는
것에 더 쉽게 반응하는 경우가 많습니다. 동작은 "지금 무엇을 말
하는지"를 한눈에 보여줍니다. 또한 공과가 끝난 뒤에도 그 동작을

떠올리면 말씀이 함께 기억되기 때문에, 반복 학습에도 아주 유익합니다.

교사가 기억할 원칙

- 동작은 크게, 간단하게 합니다.(한 문장에 한 동작)
- 교사가 먼저 보여주고, 함께 따라 하게 합니다.
- 같은 동작을 같은 말과 함께 반복합니다. (말-동작-말)

자주 쓰는 동작 예시

아래 동작은 공과 중에 바로 사용할 수 있도록, "짧은 문장 + 동작"으로 묶었습니다. 필요하면 한 가지 동작만 골라 계속 반복해도 좋습니다.

믿음(하나님을 붙잡아요)

문장: "믿음은 하나님을 꼭 붙잡는 거예요."

동작: 두 손을 꼭 잡기(손깍지) / 누군가의 손을 잡는 모습

기도(하나님께 말해요)

문장: "기도는 하나님께 내 마음을 말하는 거예요."

동작: 두 손 모으기 + 고개 살짝 숙이기

회개(죄송해요)

문장: "회개는 하나님께 '죄송해요'라고 말하는 거예요."

동작: 가슴에 손 얹기 + 고개 숙이기

용서(괜찮아, 다시 하자)

문장: "용서는 다시 기회를 주는 거예요."

동작: 두 팔 벌려 안아주는 동작 / 손 내밀어 잡아 주기

사랑(소중해요)

문장: "사랑은 소중히 여기는 거예요."

동작: 가슴에 손 얹기 / 하트 만들기(단, 너무 유치하면 가슴손 추천)

도움(도와주세요)

문장: "도움이 필요하면 '도와주세요'라고 말해요."

동작: 한 손을 앞으로 내밀기 / 손 흔들기(작게)

축복(하나님이 지켜주세요)

문장: "축복은 하나님이 나를 지켜 주시는 거예요."

동작: 두 손으로 머리 위를 둥글게 덮는 모양(보호) / 두 손을 펴서
　　　위에서 아래로

순종(네, 할게요)

문장: "순종은 하나님 말씀대로 해보는 거예요."

동작: 고개 끄덕이기 + 엄지척(선택)

　간단한 동작은 공과를 "재미있게" 만드는 장식이 아니라, 말씀
을 "몸으로 기억하게" 돕는 중요한 방법입니다. 교사가 한 문장에

한 동작을 붙여 반복해 주면, 발달장애인 성도들도 말씀을 더 쉽게 이해하고 함께 참여할 수 있습니다. 그래서 공과를 준비할 때마다 "오늘의 핵심 한 문장"에 어떤 동작을 붙일지 함께 정하고, 그 동작과 말씀을 같이 붙잡는 시간을 만들어야 합니다.

2. 반복이 필수다

발달장애인 성도들은 새로운 개념을 한 번에 이해하기 어려울 수 있습니다. 그래서 교사는 같은 내용을 여러 번, 그리고 다양한 방법으로 반복하여 가르쳐야 합니다. 반복은 지루함이 아니라, 익숙함을 통해 배움을 단단하게 만드는 과정입니다. 같은 내용을 여러 방식으로 들을 때, 비로소 말씀의 의미가 마음에 새겨집니다.

왜 반복이 꼭 필요할까요?

말씀은 "한 번 듣고 끝나는 정보"가 아니라, 마음에 남아 삶으로 이어져야 하는 내용입니다. 그런데 발달장애인 성도들에게는 한 번 들은 말이 금방 흘러갈 수 있습니다. 이때 반복은 기억을 돕고, 불안을 줄이고, 참여를 쉽게 만들어 줍니다. 같은 순서, 같은 문장, 같은 활동이 반복되면 "아, 이거 아는 거다"라는 마음이 생기고, 그때부터 성도들은 더 편안하게 따라오게 됩니다.

반복은 "이해가 늦어서" 하는 것이 아니라, 말씀이 마음에 닿게 하려는 사랑의 방식입니다. 교사가 조급해하지 않고 같은 내용을 차분히 반복해 주면, 성도들은 "나는 할 수 있다"는 경험을 하게 됩니다. 그 경험이 쌓일수록 공과 시간이 더 안정되고, 말씀을 듣는 태도도 자라납니다.

[단원 핵심]

같은 말씀을 여러 번, 여러 방법으로 반복해서 전하세요.

반복은 지루함이 아니라 익숙함을 만들어 말씀을 마음에 남게 합니다.

반복은 성도를 존중하는 방식입니다.

1) 시각적인 자료가 필요하다

듣는 것만으로는 내용을 기억하기 어렵습니다. 말은 지나가지만, 보는 것은 남습니다. 그래서 발달장애인 성도들에게 공과를 가르칠 때는 그림, 사진, 도형, 실물 자료를 함께 보여주면 이해가 훨씬 높아집니다. 시각 자료는 "지금 어떤 이야기를 하는지"를 한눈에 보여 주고, 말씀이 머릿속에서 장면으로 떠오르게 도와줍니다.

왜 시각 자료가 도움이 될까요?

발달장애인 성도들은 긴 설명을 듣는 것보다, 눈으로 보고 바로 이해하는 것이 더 쉬운 경우가 많습니다. 특히 성경 이야기처럼 등장인물과 상황이 있는 내용은, 그림이나 사진이 있을 때 훨씬 더 구체적으로 떠올릴 수 있습니다. 또한 시각 자료가 있으면 집중이 오래 유지되고, 공과 시간이 더 안정적으로 진행됩니다.

어떤 자료를 쓰면 좋을까요?

그림 자료: 성경 장면, 인물, 상황을 간단하게 보여 주는 그림

사진 자료: 손, 길, 집, 가족, 식탁처럼 "실제 삶"과 연결되는 사진

도형 자료: 하트(사랑), 길(인도하심), 손(도움), 원/화살표(흐름) 같은 단
순한 도형

실물 자료: 빵, 컵, 돌, 작은 십자가, 로프(붙잡기)처럼 손에 잡히는
물건

어떻게 보여주면 더 효과적일까요?

– 한 번에 하나만 보여줍니다.(자료가 많으면 오히려 헷갈릴 수 있습니다.)

– 자료는 크고 선명하게, 단순하게 준비합니다.
공과 시간에 사용되는 시각자료는 크고 선명해야 하며, 한눈
에 알아볼 수 있도록 단순하게 구성하는 것이 좋습니다.

– 자료를 보여주고, 짧게 말한 뒤 가리키며 반복합니다.(보여주기
→ 가리키기 → 함께 따라 말하기)

예시(말 + 시각 자료 연결)

예를 들어 "예수님이 제자들과 함께 계
셨어요."라고 말할 때, 예수님과 제자들이
함께 있는 그림을 같이 보여주면 내용을
구체적으로 떠올릴 수 있습니다.

시각 자료는 공과를 꾸미는 장식이 아니라, 말씀을 이해하도록 돕는 중요한 도구입니다. 교사가 핵심 문장을 정하고 그 문장에 맞는 그림·사진·도형·실물을 하나만 준비해도, 발달장애인 성도들은 말씀을 더 분명하게 듣고 더 오래 기억할 수 있습니다.

2) 질문을 통해 반복한다.

발달장애인 성도들과 함께 읽고, 동작으로 표현하고, 그림으로 반복해서 본 내용을 질문으로 다시 떠올리게 합니다. 질문은 기억을 되살리고, 자연스럽게 말씀을 반복하게 만드는 좋은 방법입니다. "맞히는 시간"이 아니라 "다시 기억하는 시간"이 되도록 질문을 사용하면 공과가 더 단단해집니다.

질문은 성도들의 머릿속에 있는 내용을 다시 꺼내게 합니다. 교사가 설명만 하면 성도는 듣기만 하게 되지만, 질문을 하면 성도는 생각하고 말하고 참여하게 됩니다. 또 질문을 통해 성도들이 대답하는 순간, 말씀의 핵심이 한 번 더 반복됩니다. 이렇게 반복된 말씀이 마음에 남습니다.

어떻게 질문하면 더 효과적일까요?
- 질문은 쉬워야 합니다. (예/아니오, 두 개 중 고르기, 가리키기 질문)
- 한 번에 한 질문만 합니다. (질문을 여러 개 이어서 하지 않습니다.)
- 대답이 없어도 공과는 진행됩니다.
  대답이 없으면 교사가 "모범 대답"을 말해 주고 함께 따라 말하게 합니다.

공과에서 효과적인 세 가지 유형의 질문

A. 예 / 아니오 질문(가장 쉬움)

"예수님이 우리를 사랑하세요? (네 / 아니오)"

"하나님이 우리와 함께 계세요? (네 / 아니오)"

"기도는 하나님께 말하는 거예요? (네 / 아니오)"

B. 두 개 중 고르기 질문(선택형)

"오늘 말씀에서 나온 사람은 누구였죠? (예수님 / 모세)"

"예수님은 제자들과 함께 계셨어요? (함께 / 따로)"

"우리는 하나님 말씀대로 할까요? (할게요 / 안 할래요)"

(마지막처럼 부정 선택지가 부담되면 "할게요 / 해볼게요"로 바꿔도 좋습니다.)

C. 가리키기 질문(그림·카드 활용)

"예수님은 어디에 계세요? (가리키기)"

"제자는 누구예요? (가리키기)"

"이 그림에서 '사랑'은 뭐로 보여요? (하트 / 손 등 가리키기)"

질문을 "반복"으로 만드는 진행 방법

먼저 (그림 / 카드 / 동작) 등을 보여준다.

질문한다: "누가 나와요?" "무슨 일이 있었어요?"

교사가 짧게 정리한다: "맞아요. 예수님이 함께 계셨어요."

함께 따라 말한다: "예수님이 함께 계셨어요."(다 같이)

이 흐름이 되면 질문은 시험이 아니라 말씀을 다시 붙잡는 반복
이 됩니다.

질문 예시(성경 이야기 공통으로 쓸 수 있는 5개)

"누가 나와요?"

"어디에서 일어났어요?"

"무슨 일이 있었어요?"

"예수님(하나님)은 무엇을 하셨어요?"

"우리에게 어떤 마음 / 어떤 선택이 필요할까요?"(이 질문은 아주 쉬
운 선택형으로 마무리)

"고마워요 말하기 / 도와주세요 말하기 중 하나 골라볼까요?"

질문은 공과를 평가하는 도구가 아니라, 말씀을 다시 떠올리게
하는 반복의 방법입니다. 교사가 쉬운 질문을 한 번씩 던지고, 성
도들의 대답을 짧은 문장으로 다시 정리해 주면 말씀은 자연스럽
게 한 번 더 마음에 새겨집니다. 그래서 공과를 준비할 때마다 "오
늘의 핵심 한 문장"을 반복할 질문을 2~3개만 미리 정해 두는 것
이 좋습니다.

3) 같은 말을 3번 반복한다.(똑같이, 조금 바꿔서, 함께 따라)

반복은 발달장애인 성도들에게 "필수"입니다. 그런데 반복을 하
다 보면 교사도 지치고, 성도도 지루해질 수 있습니다. 이때 도움
이 되는 방법이 "같은 말 3번 반복하기" 입니다. 나누려는 한 문장

을 세 번 반복하되, 방식만 조금 바꾸면 반복이 자연스럽고 효과적으로 됩니다. 이 방법은 공과를 단단하게 만들고, 성도들이 핵심 문장을 기억하고 입으로 말하게 돕습니다.

왜 "3번 반복"이 효과적일까요?

한 번 들은 말은 지나가지만, 두 번 들으면 익숙해지고, 세 번 말하면 내 말이 됩니다. 특히 발달장애인 성도들은 "알아듣는 것"과 "내가 말해보는 것" 사이에 시간이 필요합니다. 그래서 교사는 같은 문장을 세 번 반복하며, 성도들이 차분하게 따라올 시간을 만들어 줍니다.

어떻게 반복하는 게 효과적일까요?

- 반복할 문장은 한 문장만 선택합니다.
- 속도를 천천히, 발음을 또렷하게 합니다.
- 세 번째에는 반드시 함께 말하게 합니다.

"3번 반복" 진행 순서

첫 번째, 똑같이 말하기
교사가 핵심 문장을 그대로 말합니다.
포인트: 짧게, 또렷하게, 천천히
예) "예수님은 나를 사랑하세요."

두 번째, 조금 바꿔서 말하기

같은 뜻을 더 쉬운 말로, 또는 짧게 나눠서 한 번 더 말합니다.

포인트: 의미는 같게, 표현만 다르게

예)"예수님은 나를 사랑하세요."

"예수님은 나를 소중하게 여기세요."

(또는)

"예수님은 나를 사랑하세요."

"예수님 사랑은 변하지 않아요."

세 번째, 함께 따라 말하기

교사가 "같이 말해볼까요?"라고 말하고, 성도들과 함께 말합니다.

포인트: 말하기가 어려운 성도는 입 모양 따라하기, 고개 끄덕이기, 손동작으로 참여해도 됩니다.

예) (다 같이) "예수님은 나를 사랑하세요."

"같은 말 3번 반복하기"는 공과를 길게 끄는 방법이 아니라, 말씀을 마음에 남게 하는 가장 단순한 방법입니다. 교사가 핵심 한 문장을 정하고 "똑같이–조금 바꿔서–함께 따라" 세 번 반복해 주면, 발달장애인 성도들도 그 말씀을 더 편안하게 이해하고 기억할 수 있습니다. 그래서 공과를 준비할 때마다 나누고자 하는 그 문장을 3번 반복하는 흐름을 미리 계획해 두는 것이 좋습니다.

3. 공과를 진행하자

공과는 "좋은 내용을 준비하는 것"만으로 잘 진행되지 않습니다. 시작을 안정적으로 열고, 중간에 흐트러진 마음을 다시 모으고, 참여가 어려운 성도도 함께 들어오게 하는 운영이 필요합니다. 공과 운영이 안정되면 성도들은 더 편안해지고, 교사도 덜 지치며, 말씀의 핵심이 더 분명하게 전달됩니다.

공과는 "진행"이 안정될 때 말씀이 더 잘 전달됩니다.
시작 루틴과 긍정형 멘트는 집중을 다시 모으는 힘이 됩니다.
역할을 주면 참여가 어려운 성도도 "함께" 공과에 들어올 수 있습니다.

1) 시작 멘트 고정하기 – 루틴의 힘

공과를 시작할 때마다 교사의 말이 바뀌면 성도들은 매번 새로 적응해야 합니다. 반대로 시작 멘트를 고정하면 성도들은 "이제 공과 시간이다"를 빠르게 알아차리고 마음을 준비할 수 있습니다. 같은 순서가 반복될수록 공과는 편안해지고 집중도 높아집니다.

왜 시작 멘트가 중요한가요?
공과는 예배처럼 "흐름"이 있습니다. 시작이 흔들리면 뒤에도 흔들립니다. 하지만 시작이 단단하면, 중간에 산만해져도 다시 돌아오기 쉽습니다. 그래서 교사는 매주 같은 문장으로 시작하며 분위기를 정돈하는 것이 좋습니다.

효과적인 시작 멘트 루틴
- 시작 멘트는 짧게(10초~20초) 합니다.
- 항상 같은 문장, 같은 순서로 말합니다.
- 말 + 동작을 함께 사용하면 더 빠릅니다. (손 모으기, 가슴에 손, 손은
무릎)

교사 시작 멘트 예시.
"이제 우리 공과를 시작해요."
"눈은 여기, 손은 무릎, 마음은 하나님께."
"같이 기도하고 시작할게요."

시작 멘트를 고정하는 것은 기계를 만들려는 것이 아니라, 성도들이 안전하게 시작하도록 돕는 배려입니다. 매주 같은 시작이 쌓이면 공과는 더 안정되고, 교사는 더 여유롭게 말씀의 핵심을 전할 수 있습니다.

2) 산만해진 성도를 돕는 멘트 – 긍정형

공과 중에 산만해지는 것은 '자연스러운 일'입니다. 이때 중요한 것은 책망이 아니라 다시 참여할 수 있게 돕는 멘트입니다. 특히 긍정형 멘트는 성도의 마음을 다치지 않게 하면서도, 흐름을 다시 잡아 줍니다.

왜 '긍정형 멘트'가 중요한가요?

부정형 말("하지 마", "왜 그래")은 순간적으로 멈추게 할 수는 있지만, 부정적인 마음이 생길 수 있습니다. 반대로 긍정형 말("이렇게 하자")은 성도가 공과 시간을 위한 방법을 알게 합니다. 공과에서 가장 중요한 것은 "멈추게 하는 것"이 아니라 "다시 함께 하게 하는 것"입니다.

긍정형 멘트를 하는 효과적인 방법
- 되도록 한 문장으로 짧게 말합니다.
- 해야 할 행동을 말합니다.
- 감정적이지 않게, 목소리는 부드럽게 유지합니다.

공과 중 긍정형 멘트 예시
"여기 함께 봅시다"
"손은 무릎 위에 둡시다"
"눈은 여기를 봐주세요."
"한 번 숨 쉬고, 다시 시작합시다."
"우리 같이 한 문장만 말해봅시다"
"지금은 듣는 시간이이니, 끝나고 말해주세요."
"괜찮아요. 다시 같이 해봐요"

산만해진 성도를 돕는 말은 "통제의 말"이 아니라 "초대의 말"이어야 합니다. 교사가 긍정형 멘트로 다시 길을 열어 주면, 성도들은 편안하게 공과 안으로 돌아올 수 있습니다.

3) 참여가 어려운 학생 돕기 - 역할 주기

참여가 어려운 성도에게 "집중해요"라고 말하는 것보다, 할 일을 하나 주는 것이 훨씬 효과적일 수 있습니다. 역할은 성도를 부담스럽게 만드는 것이 아니라, 공과 안으로 들어오게 하는 좋은 방법이 됩니다. "나도 할 수 있다"는 경험이 쌓이면 참여는 자연스럽게 자랍니다.

왜 역할이 도움이 될까요?

일부 성도들은 말로 대답하거나 오래 앉아 있는 것이 어려울 수 있습니다. 이때 역할은 그 성도의 에너지를 '산만함'으로 흩어지게 하지 않고, '참여'로 모아 줍니다. 역할을 맡으면 눈이 살아나고, 공과가 '내 시간'이 됩니다.

효과적으로 역할을 주는 요령
- 역할을 작고 간단해야 합니다.
- 실패해도 괜찮은 부담이 적은 역할을 줍니다.
- 역할을 준 뒤 바로 칭찬합니다.

공과 시간 중 역할 예시
공과 교육 자료 잠시 들게 하기- 모두가 볼 수 있도록 돕는 역할
리액션 및 읽기 담당하기

손동작 리더 – 교사가 말하면 동작 먼저 보여주기
가리키기 담당 – 그림이나 자료를 가리키는 담당
준비물 나눠주기, 정리하기 – 쉽고 간단한 정도

역할은 참여가 어려운 성도를 위한 '특별 대우'가 아니라, 모두
가 함께 공과를 드릴 수 있도록 돕는 지혜로운 방법입니다. 작은
역할 하나가 공과를 살리고, 성도의 마음을 열어 말씀을 더 가까이
오게 합니다.

———

제7장

예배를 세우는 기초공사 : 심방
발달장애인부서 교사를 위한 심방 안내

—

태원석

들어가는 말

건물을 지을 때 가장 먼저 이루어지는 일은 기초공사입니다. 흙을 파고, 돌을 고르고, 기준을 맞추는 과정은 눈에 잘 띄지 않으며 조용하게 이루어집니다. 때로는 반복적이고 시간이 오래 걸리기도 합니다. 그러나 기초가 약하면 아무리 아름다운 건물이라도 오래 버티지 못합니다. 건물을 지탱하는 힘은 보이지 않는 곳에서 이루어지는 기초에 있기 때문입니다.

발달장애인부서의 예배도 이와 같은 원리를 가지고 있습니다.

예배는 주일 아침 예배당에서 갑자기 시작되는 것이 아닙니다. 우리가 드리는 한 시간의 예배는 이미 그 이전부터 형성되어 온 관계와 기억, 그리고 기도의 시간 위에 세워집니다. 이러한 보이지 않는 토대가 단단할수록 예배는 더욱 안정되고 깊이 있게 세워집니다.

심방은 바로 이 보이지 않는 토대를 준비하는 중요한 사역입니다. 심방이라는 기초가 약해질 때 예배는 쉽게 흔들리고, 학생과 가정은 교회 공동체와 점차 멀어질 수 있습니다.

발달장애인부서의 학생과 가정은 주일 예배 한 시간만으로 공동체에 속해 있다는 안정감을 충분히 느끼기 어려운 경우가 많습니다. 상황에 따라 예배 참석이 불규칙해지기도 하고, 결석이 반복되기도 합니다. 이러한 상황 속에서 심방은 예배를 대신하는 사역이 아니라, 학생과 가정이 다시 예배로 이어질 수 있도록 돕는 다리의 역할을 합니다. 교사의 한 통의 전화와 한 번의 안부 인사는 학생과 가정이 예배와 공동체를 기억하게 하고 예배를 가능하게 만드는 힘이 됩니다.

심방은 특별한 은사나 전문적인 기술을 가진 사람만이 할 수 있는 사역이 아닙니다. 오히려 심방은 교사가 예배 안에서 보여 주고 있는 사랑과 관심을 학생과 가정의 삶의 자리로 확장하는 일입니다.

1. 심방이란 무엇인가

교회에서 말하는 심방은 단순한 방문이나 안부 인사를 의미하지 않습니다. 심방은 교회가 성도를 찾아가 삶의 자리를 살피고, 말씀과 기도로 함께하며, 신앙 안에서 돌보는 목회적 사역입니다. 다시 말해 심방은 교회가 성도를 기억하고 함께하고 있다는 사실을 삶의 자리에서 확인해 주는 돌봄의 과정이라고 할 수 있습니다.

성경에서도 하나님은 언제나 자신의 백성을 찾아오시는 분으로 나타나십니다. 하나님은 아브라함을 찾아오셨고, 광야에서 이스라엘 백성을 돌보셨으며, 예수님께서는 병든 자와 소외된 사람들을 직접 찾아가 만나 주셨습니다. 이러한 하나님의 돌보심은 교회 공동체 안에서 다양한 모습으로 이어지는데, 그 가운데 하나가 바로 심방입니다.

발달장애인부서에서의 심방 역시 이러한 목회적 돌봄의 흐름 안에 있습니다. 심방은 학생과 가정을 찾아가 그들의 삶을 이해하고, 교회가 함께하고 있음을 전하며, 예배와 공동체 안에서 계속 연결될 수 있도록 돕는 중요한 사역입니다.

특히 발달장애 학생과 가정은 일상 속에서 양육과 교육, 치료와 돌봄의 과정 속에서 많은 부담을 경험하는 경우가 있습니다. 이러한 상황 속에서 교회가 먼저 찾아와 관심을 표현하고 함께 기도해 줄 때, 학생과 가정은 공동체 안에서 자신들이 기억되고 있다는 사실을 경험하게 됩니다.

심방은 이러한 만남을 통해 단순한 정보 전달을 넘어 관계를 세우는 사역입니다. 교사는 심방을 통해 학생의 생활과 상황을 이해하게 되고, 가정은 교회를 더 신뢰하게 됩니다. 이러한 관계는 자연스럽게 예배로 이어지고 공동체 안에서의 신앙생활을 지속하도록 돕는 중요한 기반이 됩니다.

이때 교사는 모든 문제를 해결해야 하는 전문가가 아닙니다. 심방에서 가장 중요한 것은 적절한 조언보다 경청과 공감입니다. 교사는 답을 가지고 찾아가는 사람이 아니라, 이야기를 들을 준비를 하고 찾아가는 사람입니다. 교회 공동체를 대신하여 "교회가 함께하고 있습니다"라는 메시지를 전하는 것이 심방의 가장 중요한 역할입니다.

따라서 발달장애인부서에서의 심방은 단순히 결석한 학생을 확인하거나 연락을 유지하기 위한 활동이 아니라, 학생과 가정이 교회 공동체 안에서 지속적으로 연결될 수 있도록 돕는 목회적 돌봄의 과정입니다. 이러한 의미에서 심방은 발달장애인부서 사역에서 예배와 공동체를 세우는 중요한 기초가 됩니다.

2. 왜 심방이 필요한가

심방은 학생과 가정을 교회 공동체 안에 실제로 연결하는 중요한 역할을 합니다. 예배당에서만 만나는 관계에는 자연스럽게 한계가 있습니다. 주일에 잠깐 얼굴을 보고 인사를 나누는 것만으로는 학생의 삶을 깊이 이해하기 어렵고, 가정이 겪는 현실적인 어려움 또한 충분히 나누기 어렵습니다. 그러나 심방을 통해 삶의 자리에서 관계가 이어질 때 교회는 더 이상 '방문하는 공동체'가 아니라 '함께 살아가는 공동체'로 경험됩니다.

그럼에도 불구하고 심방의 중요성과 필요성을 이해하면서 교사들은 종종 한 가지 질문을 하게 됩니다. "심방을 하면 실제로 무엇이 달라질까?" 심방은 눈에 잘 드러나는 사역이 아니기 때문에 그 효과를 쉽게 느끼기 어렵다고 생각하기도 합니다. 그러나 실제 사역의 현장에서 보면 심방은 발달장애인부서의 예배와 공동체를 세워가는 데 매우 중요한 역할을 하며, 학생과 가정, 그리고 교사의 사역에 여러 가지 실제적인 유익을 가져옵니다.

첫째, 심방은 학생과 가정이 공동체 안에서 기억되고 있다는 사실을 경험하게 합니다. 발달장애 학생과 가정은 일상 속에서 사회적 관계가 제한되거나 외로움을 경험하는 경우가 적지 않습니다. 반복되는 돌봄과 치료 일정, 학교와의 관계, 행동 문제에 대한 고민 등으로 인해 일상이 긴장의 연속이 되기도 합니다. 이러한 상황 속에서 교회가 먼저 연락을 하고 안부를 묻는 일은 단순한 인사를 넘어 공동체 안에서의 소속감을 느끼게 하는 중요한 경험이 됩니다. 교사가 전하는 한 통의 전화와 따뜻한 안부 인사는 학생과 가정에게 "교회가 우리를 기억하고 있다."는 메시지를 전하게 됩니다. 이러한 경험은 학생과 가정이 공동체와의 관계를 계속 이어 가도록 돕는 중요한 힘이 됩니다.

둘째, 심방은 예배로 이어지는 관계를 만들어 줍니다. 발달장애인부서에서는 여러 상황으로 인해 예배 참석이 일정하게 유지되기 어려운 경우가 있습니다. 건강 문제나 가정의 사정, 이동의 어려움 등 다양한 이유로 결석이 반복될 수 있습니다. 이러한 상황이 계속되면 학생과 가정은 점차 교회와의 관계가 멀어졌다고 느끼게 됩니다. 이때 교사가 먼저 안부를 묻고 관심을 표현하면 학생과 가정은 교회를 잊지 않게 되고 다시 예배로 돌아올 수 있는 계기를 얻게 됩니다. 심방은 예배를 대신하는 사역이 아니라 예배로 이어지도록 돕는 다리가 됩니다. 교사와의 관계가 안정적으로 형성된 학생은 예배당을 점차 낯선 공간이 아니라 자신을 알고 기다리는 사람이 있는 안전한 장소로 인식하게 됩니다.

셋째, 심방은 교사가 학생을 더 깊이 이해하도록 돕습니다. 교사는 주일 예배 시간에 학생을 만나지만 그 짧은 시간 안에 학생의 생활과 상황을 충분히 알기는 쉽지 않습니다. 그러나 심방을 통해 학생이 살아가는 환경과 일상의 모습을 조금 더 이해하게 되면 교사는 학생을 보다 적절하게 돕고 지도할 수 있게 됩니다. 학생의 성향과 생활환경을 이해하게 되면 예배와 교육을 준비하는 과정에서도 학생에게 더 맞는 방법을 생각하게 됩니다. 이러한 이해는 학생을 향한 교사의 돌봄을 더욱 실제적이고 의미 있게 만들어 줍니다.

넷째, 심방은 교사와 가정 사이에 신뢰를 형성합니다. 교사가 가정을 찾아가거나 안부를 전하며 지속적으로 관심을 표현할 때 가정은 교회와 교사를 더욱 신뢰하게 됩니다. 부모는 교사가 단지 주일에만 학생을 만나는 사람이 아니라, 자신의 자녀를 함께 돌보는 동역자라는 사실을 느끼게 됩니다. 이러한 신뢰는 학생이 교회 공동체 안에서 안정감을 느끼고 신앙생활을 이어 가는 데 중요한 역할을 합니다. 또한 교사와 부모가 서로의 상황을 이해하며 협력할 때 학생은 더욱 안정적인 환경 속에서 신앙생활을 이어 갈 수 있습니다.

다섯째, 심방은 교사의 사역에도 깊은 의미를 더해 줍니다. 심방은 학생과 가정만을 위한 사역이 아닙니다. 심방은 교사 자신에게도 중요한 유익을 가져다줍니다. 학생과 가정을 직접 만나 이야기를 나누는 과정 속에서 교사는 학생의 삶과 가정의 상황을 알게 되고, 그 과정에서 자신이 섬기고 있는 사역의 의미를 더욱 깊이 이해하게 됩니다. 또한 교사의 기도도 점점 더 구체성을 갖게 됩니다. 막연히 학생들을 위해 기도하던 것이, 실제 상황과 필요를 담은 기도로 변화됩니다. 이러한 기도는 교사 자신의 신앙에도 깊이를 더해 주며 사역의 이유를 다시 붙들게 합니다.

심방은 눈에 크게 드러나는 사역은 아닙니다. 그러나 심방을 통해 형성된 관계와 신뢰는 시간이 지날수록 더욱 단단해지고, 그 위에서 학생과 가정의 신앙이 조금씩 자라가게 됩니다. 그래서 심방은 단순한 방문이나 연락의 차원을 넘어, 발달장애인부서의 예배와 공동체를 지탱하는 보이지 않는 기초공사와 같습니다. 눈에 보이지 않는 자리에서 이루어지는 작은 관심과 만남이 결국 공동체를 지탱하는 든든한 토대가 됩니다. 그렇기에 심방은 예배를 대신하는 사역이 아니라, 학생과 가정이 다시 예배로 이어지도록 돕는 관계의 다리입니다.

3. 심방은 어떻게 시작할 수 있을까

심방은 거창한 계획이나 특별한 준비로 시작하지 않아도 됩니다. 오히려 처음부터 완벽한 심방을 떠올리면 시작조차 어려워질 수 있습니다. 심방을 부담스럽게 만드는 가장 큰 이유는 '잘해야한다'는 생각 때문입니다. 그러나 심방의 본질은 잘해내는 것이 아니라, 관계를 이어 가는 데 있습니다. 그래서 심방의 출발점은 언제나 작고 현실적인 선택이어야 합니다.

무리한 계획은 지속을 어렵게 만듭니다. 매주 정해진 시간에 긴 통화를 해야 한다거나, 정기적으로 방문해야 한다는 부담은 오히려 심방을 멀어지게 만들 수 있습니다. 심방의 핵심은 '지속 가능성'입니다. 교사의 삶의 범위 안에서 감당할 수 있는 방식으로, 오래 이어 갈 수 있는 형태를 선택하는 것이 무엇보다 중요합니다. 지속되지 않는 열심보다, 작지만 계속되는 관심이 심방을 만들어 갑니다.

심방은 짧은 연락으로도 충분히 시작할 수 있습니다. 짧은 전화 한 통이나 간단한 메시지 하나로도 충분합니다. "이번 주도 기도하고 있습니다.", "주일에 함께 예배드릴 수 있어 기뻤습니다."라는 한 문장의 메시지도 학생과 가정에게는 큰 힘이 됩니다. 중요한 것은 완벽한 내용이 아니라 반복되는 관심의 표현입니다. 교사가 먼저 기억하고, 먼저 연락하고, 먼저 기도하는 이 작은 행동들이 쌓여 심방이 됩니다.

심방은 한 번의 깊은 만남보다, 여러 번의 짧은 만남으로 이루어지는 사역입니다. 특히 발달장애인부서에서는 학생과의 관계 형성에 시간이 필요하고, 가정과의 신뢰가 쌓이기까지도 반복적인 만남이 요구됩니다. 이 과정에서 교사는 조급해질 수 있습니다. 그러나 심방은 빠른 반응보다 안정적인 리듬이 중요합니다. 일정한 간격으로 이어지는 연락과 관심은 학생과 가정에게 예측 가능성을 제공하고, 이는 곧 신뢰로 이어집니다.

또한 심방은 혼자 감당하는 사역이 아닙니다. 교사가 모든 상황을 책임져야 한다고 느낄 필요는 없습니다. 오히려 심방은 교역자와의 소통, 교사 간의 협력 속에서 이루어질 때 더 안정적으로 지속될 수 있습니다. 학생의 상황이나 가정의 어려움을 교역자와 공유하고, 필요할 때 도움을 요청하는 것은 무책임이 아니라 건강한 사역의 방식입니다. 한 명의 교사가 지치지 않도록 서로의 상황을 나누고, 격려하며, 필요할 때 역할을 나누는 공동의 태도가 심방을 지탱합니다. 심방을 개인의 헌신에만 맡길 때 사역은 쉽게 소진되지만, 공동체의 책임으로 나눌 때 사역은 오래 지속될 수 있습니다.

심방은 특별한 기술을 요구하지 않습니다. 진심 어린 관심과 꾸준함이면 충분합니다. 때로는 아무 말도 하지 않고 함께 기도하는 것만으로도 심방이 됩니다. 중요한 것은 교사가 "나는 여기에 있다."는 메시지를 계속해서 전하는 것입니다. 이 메시지는 말보다 행동으로, 설명보다 반복으로 전달됩니다.

심방을 통해 교사는 자신의 한계를 인정하는 법도 배우게 됩니다. 모든 문제를 해결할 수 없음을 받아들이고, 그럼에도 불구하고 곁에 서 있기로 선택하는 것이 심방의 태도입니다. 이러한 태도는 교사를 자유롭게 하고, 사역을 더 오래 감당할 수 있게 합니다. 심방은 교사를 짓누르는 의무가 아니라, 교사가 사역의 자리에서 숨을 고를 수 있게 해 주는 리듬이 됩니다.

결국 "심방을 어떻게 시작해야 할까?"라는 질문에 대한 답은 단순합니다. 가능한 만큼, 감당할 수 있는 방식으로, 그리고 멈추지 않고 이어 가는 것입니다. 이러한 작은 반복이 쌓일 때 심방은 어느새 학생과 가정의 삶 속에 자연스럽게 스며들게 됩니다.

4. 심방의 유형과 사례

심방은 한 가지 방식으로만 이루어지는 사역이 아닙니다. 다양한 방식으로 이루어질 수 있습니다. 중요한 것은 '어떤 방법인가' 보다 '멈추지 않고 계속 실천할 수 있는가'입니다. 그래서 심방은 교사의 성향과 상황, 학생과 가정의 형편에 따라 다양한 방식으로 이루어질 수 있습니다. 어떤 경우에는 짧은 전화 한 통이 심방이 될 수 있고, 때로는 가정을 직접 방문하는 만남이 필요할 수도 있습니다. 최근에는 부모님 단체톡방을 통해 지속적인 소통을 이어 가는 것도 중요한 심방의 방식이 되었습니다.

중요한 것은 형식이 아니라 관계입니다. 심방의 방식이 어떠하든지 그 안에는 "교회가 학생과 가정을 기억하고 있습니다."라는 메시지가 담겨 있어야 합니다. 이러한 마음이 전달될 때 심방은 학생과 가정에게 공동체의 따뜻한 연결을 경험하게 하는 관계의 다리가 됩니다.

발달장애인부서에서는 다음과 같은 다양한 형태의 심방이 실제적으로 활용될 수 있습니다.

1) 전화심방

① 전화심방의 의미

전화심방은 가장 부담이 적고 지속적으로 이어갈 수 있는 심방의 방법입니다. 짧은 통화라도 교회가 학생과 가정을 기억하고 있다는 사실을 전할 수 있으며, 정기적인 전화심방은 공동체와의 관계를 이어 주는 중요한 다리가 됩니다.

특히 바쁜 일상 속에서 직접 만남이 어려운 가정에게 전화 한 통은 큰 위로가 될 수 있습니다. 전화심방은 단순한 연락이 아니라 "교회가 여전히 함께하고 있습니다."라는 메시지를 전하는 목회적 돌봄의 표현입니다.

대체로 전화심방은 주일예배를 앞둔 토요일에 담당 학생의 부모님께 전화를 드려 안부를 나누고, 학생의 한 주간의 상황과 기도제목을 듣는 심방입니다. 교사는 예배에서 학생을 만나기 전에 학생의 삶의 자리를 이해할 필요가 있습니다. 이를 통해 교사는 학생을 더 깊이 이해하게 되고, 공감대를 형성하여 주일 환영맞이와 예배, 교육, 활동을 준비하는 데에 실제적인 도움을 얻을 수 있습니다.

한편, 학생과 부모님들에게는 주일을 앞두고 "내일 교회에서 봐요.", "선생님이 기도하고 있어요."라는 말을 전하는 짧은 전화 한 통은 예배를 준비하는 신호가 됩니다.

학생을 위해 열심히 기도하는 것만큼이나 중요한 것은, 교사가 그 학생을 얼마나 기억하고 있는지, 함께 예배드리는 시간을 얼마나 소중하게 여기고 있는지를 전하는 것입니다. "선생님이 나를 생각하고 있다."는 경험은 학생에게 큰 안정감을 주고, 부모님에게는 교회에 대한 깊은 신뢰를 만들어 줍니다.

전화심방은 단순한 안부 확인이 아니라 학생의 삶을 이해하는 과정입니다. 토요일뿐 아니라 주중에도 틈틈이 전화를 드리며 학생의 상태와 행동, 가정에서의 변화, 부모님의 마음을 나누는 과정 자체가 심방이 됩니다. 이러한 통화를 통해 기도제목을 구체적으로 여쭐 수 있고, 교사의 기도 또한 현실을 담은 기도로 깊어지게 됩니다.

특히 학년 초는 교사와 학생이 처음 관계를 맺는 시기이기 때문에 서먹함이 자연스럽게 존재합니다. 발달장애인부서의 경우, 비장애 학생들에 비해 교사와 학생이 서로에게 적응하는 데 더 많은 시간이 필요할 수 있습니다. 이 시기에 전화심방은 관계 형성의 중요한 출발점이 됩니다. 학년 초에는 학생과 부모님께 꼭 한 번은 직접 전화를 드려, 1년 동안 학생의 담임을 맡게 되었다는 사실을 전하며 인사를 나누는 것이 좋습니다. 이때 부모님께 교사와 학생을 위해 기도해 달라고 부탁함으로써, 담당 학생을 위한 기도의 동역자가 되어 주시도록 정중히 요청합니다. 이 한 통의 전화는 1년 사역의 방향을 정리해 주는 중요한 출발선이 됩니다.

물론 부모님과 학생을 직접 만나 심방하는 것이 가장 이상적이지만, 현실적인 여건상 쉽지 않은 경우가 많습니다. 그렇기 때문에 전화로나마 이어지는 심방은 더욱 중요한 의미를 갖습니다. 전화는 거리와 시간을 넘어 관계를 이어 주는 현실적인 도구입니다.

전화심방을 할 때에는 부모님의 마음 상태와 가정 형편, 학생의 특성을 미리 어느 정도 파악하고 있는 것이 도움이 됩니다. 통화 중에는 정중하고 다정한 말투로 감사의 마음을 전하고, 신앙적인 권면보다는 격려와 지지를 중심에 두는 것이 좋습니다. 교사의 말 한마디는 부모님에게 위로가 되기도 하고, 부담이 되기도 하기 때문에 말의 방향은 늘 조심스럽게 선택되어야 합니다. 그리고 가능하다면 부모님의 도움을 받아 학생과도 짧게 인사를 나누는 것이 좋습니다. 직접적인 대화가 어려운 학생의 경우에는 목소리를 들려주거나 짧은 인사나 영상통화를 하는 것만으로도 학생에게 교사는 기억되는 존재가 됩니다.

전화심방의 목적은 교사가 학생의 행동, 정서 상태, 기도제목 등을 파악하고 이를 마음에 담아 함께 기도하는 데 있습니다. 모든 내용을 해결하려 애쓰지 않아도 괜찮습니다. 기록하고, 기억하고, 기도하는 것만으로도 전화심방은 충분한 역할을 합니다. 학생의 상태와 가정의 상황을 듣고 기억하며 함께 기도하는 것이 가장 중요한 역할입니다.

② **전화심방 시 유의할 점**

- 부모님과 통화할 때는 학생의 칭찬할 만 한 점을 먼저 나누는 것이 좋습니다.
- 예배 태도나 친구 관계 등 긍정적인 모습을 미리 떠올려 두면 대화가 훨씬 부드럽게 시작됩니다.
- 문제 행동을 이야기할 때는 판단이나 평가보다는 "함께 고민하고 싶다."는 태도를 유지합니다.
- 통화 가능 여부를 먼저 확인하고 부모님의 상황을 존중합니다.
- 통화 시간은 길지 않아도 괜찮으며, 짧은 대화라도 진심이 담겨 있다면 충분한 심방이 됩니다.

③ 전화심방 진행 방법

- 통화 전에 간단한 메모(학생 이름, 최근 예배 모습, 기도제목)를 준비하면 대화가 훨씬 안정적으로 이루어집니다.
- "지금 통화 괜찮으세요?"라는 한 문장은 부모님의 마음을 여는 좋은 시작이 됩니다.
- 통화 후에는 기도제목을 짧게 기록해 두면 다음 심방이 훨씬 자연스럽게 이어집니다.

전화심방 대화 주제 예시

- 학생의 장점과 잘하고 있는 부분 나누기
- 학교, 복지관, 가정에서의 생활과 관심사
- 가족 관계(형제자매, 주로 의지하는 가족 구성원)
- 좋아하는 것과 싫어하는 것(음식, 활동, 과목 등)

- 문제 행동과 그 원인에 대한 부모님의 고민
- 학생의 건강 상태
- 예배 태도와 교회 생활 전반에 대한 이야기

2) 부모님 단체톡방(카카오톡) 운영

① 단체톡방 심방의 의미

최근에는 전화보다 부담이 덜하고 지속 가능한 심방의 방식으로 부모님 단체톡방을 활용하는 경우가 점점 늘어나고 있습니다. 단체톡방은 시간과 장소의 제약 없이 짧은 메시지, 예배 사진, 공지사항, 기도제목을 나눌 수 있어 발달장애인부서 사역에 매우 효과적인 도구가 됩니다.

단체톡방의 가장 큰 장점은 '연결이 끊기지 않는다'는 점입니다. 전화 한 통이 부담스러운 가정도, 짧은 메시지 하나에는 마음의 문을 열 수 있습니다. 특히 반복적인 돌봄으로 지친 부모님들에게는 "교회가 여전히 기억하고 있다."는 신호 자체가 위로가 됩니다.

② 단체톡방 운영 시 유의할 점

- 단체톡방의 목적은 관리나 통제가 아니라 소통입니다.
- 메시지가 지나치게 많아지거나, 공지 위주의 일방적인 전달이 반복되면 오히려 부담이 될 수 있습니다.
- 특정 학생을 비교하거나, 부모님의 양육 방식을 평가하는 뉘앙스가 담기지 않도록 주의해야 합니다.
- 단체톡방은 여러 사람이 함께 보는 공간이기 때문에, 개인적

인 사안이나 민감한 이야기는 반드시 개인톡이나 전화로 연결
하는 것이 원칙입니다.

③ 실제 운영 방법

- 단체톡방 개설 시, 목적과 사용 범위를 간단히 안내합니다.
- 주 1~2회 정도의 짧은 안부, 예배 후 사진 한 장, 간단한 기도
  요청 정도로도 충분합니다. 적은 양이지만 꾸준한 소통이 단
  체톡방 심방의 핵심입니다.
- 예배 사진은 학생의 얼굴 노출 여부를 부모님과 미리 상의합
  니다.
- "오늘도 함께 예배드릴 수 있어 감사했습니다."와 같은 짧은
  감사 표현이 큰 힘이 됩니다.
- 공지는 짧고 명확하게, 필요 이상의 반복은 피합니다.

3) 가정심방

① 가정심방의 의미

가정심방은 교역자와 함께 특별한 상황에서 진행되는 심방으
로, 학생이나 가정에 중요한 변화가 있거나 말로 다 설명하기 어려
운 깊은 위로와 기도가 필요할 때 의미 있게 이루어지는 사역입니
다. 가정은 학생과 부모님의 삶이 가장 솔직하게 드러나는 자리이
므로, 교회의 방문 자체만으로도 큰 메시지를 전달합니다. "교회가
이 가정의 삶 속으로 들어왔다."는 경험은 오랫동안 기억됩니다.

가정심방의 핵심은 문제를 해결하거나 상황을 정리하는 것이 아

니라, 공동체가 그 가정의 삶 곁에 함께 서 있음을 보여주는 데 있습니다.

② 가정심방 시 유의할 점

- 교사는 질문의 수를 최소화하고, 부모님의 이야기를 충분히 듣는 데 집중해야 합니다. 부모님의 이야기를 충분히 경청하는 태도가 중요합니다.
- 질문을 많이 하기보다는 공감과 경청에 집중합니다. 설명보다는 공감의 태도를 우선할 때, 가정은 교회를 안전하고 신뢰할 수 있는 존재로 받아들입니다.
- 침묵이 생기더라도 급하게 채우려 하지 않아도 됩니다.
- 한 번의 심방으로 모든 이야기를 나누려 하지 않습니다.
- 가정에서 나눈 개인적인 이야기는 외부에 공유하지 않습니다.

③ 가정심방 진행 방법

방문 전 부모님의 동의를 구하고 시간을 충분히 조율합니다. 심방 전체 시간은 30분 내외가 적절하며, 예배는 10~15분 정도로 간단히 진행합니다. 예배는 '사도신경 – 찬송 – 성경말씀 – 기도 – 주기도문'의 간단한 구조로 진행하는 것이 좋습니다. 학생 컨디션에 따라 예배를 축소하거나 생략할 수 있으며, 사진이나 기록은 반드시 사전 허락을 받습니다 말씀은 한 구절 또는 짧은 본문으로 충분하며, 기도는 상황을 정리하려는 것이 아니라 가정의 현재를 하나님 앞에 그대로 올려 드리는 방식이 적합합니다.

가정심방은 한 번의 방문으로 모든 것을 나누는 자리가 아니므로, "다음에 또 뵙겠습니다."라는 여지를 남기는 것이 중요합니다. 이후에는 전화나 메시지로 자연스럽게 연결하면 건강한 관계를 유지할 수 있습니다.

4) 병원심방

① 병원심방의 의미

병원심방은 병원이라는 공간에서 공동체의 존재를 경험하게 하는 자리로, 아픔과 불안, 두려움 속에서 큰 위로가 됩니다. 발달장애 학생과 가족에게 병원은 일상의 연장이 아니라 긴장과 소모가 반복되는 공간이므로, 병원심방은 더욱 신중하게 접근해야 합니다.

병원심방의 목적은 병의 원인을 묻거나 회복 시점을 예단하는 것이 아니라, "이 시간에 혼자가 아니다."라는 메시지를 전하는 데 있습니다. 짧은 방문이라도 공동체가 곁에 있다는 사실을 경험하게 하는 것이 핵심입니다. 이때 교사와 학생들의 영상메시지, 그리고 예배영상을 담아 전해주면 좋습니다.

② 병원심방 시 유의할 점

- 병의 원인이나 치료 과정에 대한 질문은 최소화합니다.
- 긴 위로나 설명보다는 차분한 태도와 짧은 기도가 더 큰 위로가 됩니다.
- 학생의 상태와 병원 상황을 충분히 고려합니다. 학생의 상태가 불안정하거나 치료 일정이 있는 경우, 심방 시간을 줄이고

짧은 인사만 나누고 돌아오는 것도 충분합니다.

③ 병원심방 진행 방법

- 방문 전 부모님의 동의와 병원 방문 가능 여부를 확인합니다.
- 체류 시간은 5~10분 정도로 짧게 유지합니다.
- 상황에 따라 예배는 생략하거나 성경 한 구절과 짧은 기도로 대신할 수 있습니다.
- 방문 후에는 짧은 메시지로 안부와 기도를 전하며 심방을 마무리합니다.
- 긴 위로의 말이나 신앙적 설명보다는 "힘드시죠.", "기도하고 있습니다."의 차분한 인사와 안정적인 눈 맞춤, 짧은 기도가 큰 힘이 됩니다.

5) 일터^(직장)심방

① 일터심방의 의미

일터심방은 부모님과 학생 모두에게 의미 있는 방문이 될 수 있으며, 일터가 단순한 활동 공간을 넘어 학생과 부모님에게 중요한 삶의 자리임을 기억해야 합니다. 특히 보호 작업장, 직업훈련기관, 현장실습지 등에서 하루를 보내는 학생들에게 이 공간은 성취와 좌절, 긴장과 자존감이 오가는 중요한 생활 현장입니다.

일터심방의 목적은 신앙을 드러내거나 관계를 확장하는 것이 아니라, "삶의 자리도 우리가 기억하고 있습니다."라는 메시지를 전하는 데 있습니다. 따라서 방문은 짧고 단정하며 절제된 태도로 이루어져야 합니다.

② 일터심방 시 유의할 점

- 방문은 반드시 부모님 또는 학생의 동의가 있을 때만 진행합니다.
- 일터의 분위기와 규칙을 충분히 존중합니다. 신앙 표현이나 예배 형식은 제한적이며, 대부분의 경우 간단한 인사와 격려만으로 충분합니다.
- 학생의 업무나 활동을 방해하지 않도록 주의합니다.

③ 일터심방 진행 방법

- 방문은 짧고 단정하게 진행합니다.
- 체류 시간은 5분 내외로 유지하는 것이 좋습니다.
- 공개적인 예배나 기도는 대부분의 경우 지양합니다.
- 감사와 격려 중심의 짧은 인사를 전하고 심방을 마무리합니다. "함께 응원하고 있습니다."라는 안정적인 태도를 전하는 것이 중요합니다.

심방은 형태와 방법이 다양합니다. 전화 한 통, 부모님 단체톡방, 가정 방문, 병원 심방, 일터 방문 등 상황과 여건에 따라 다르게 이루어질 수 있습니다. 그러나 모든 심방에는 한 가지 공통된 마음이 담겨 있어야 합니다. 바로 "교회가 학생과 가정을 기억하고 있으며, 함께하고 있다."는 메시지입니다. 형식이나 길이, 장소가 다를 뿐 이 마음이 전달될 때 심방은 단순한 방문이나 연락이 아니라 공동체를 세우는 보이지 않는 기초공사의 역할을 하게 됩니다.

5. 심방의 과정

심방은 즉흥적인 만남이 아니라, '준비-만남-이후의 돌봄'이라는 분명한 과정을 거치는 사역입니다. 이 세 단계가 균형 있게 이어질 때, 심방은 단발적인 방문이 아니라 지속적인 돌봄의 사역으로 자리 잡게 됩니다. 특히 발달장애인부서의 심방은 한 번의 만남보다 그 이후의 연결이 더욱 중요합니다.

1) 심방 전: 준비의 단계

심방의 시작은 문을 두드리는 순간이 아니라, 기도로 마음을 준비하는 시간에서 시작됩니다. 심방 전 교사는 먼저 학생과 가정을 하나님께 맡기며 기도로 준비해야 합니다. 이때의 기도는 '무엇을 말해야 할까'를 준비하는 기도가 아니라, '어떤 마음으로 그 자리에 서야 하는가'를 묻는 기도에 가깝습니다.

또한 심방 전에는 학생의 최근 상태와 가정의 상황을 간단히 점검하는 것이 필요합니다. 이전 예배 참여 모습, 최근의 변화, 이전에 나누었던 기도제목 등을 미리 떠올려 보는 것만으로도 심방의 방향이 훨씬 안정됩니다. 이러한 준비는 정보를 수집하기 위한 것이 아니라 상대의 삶을 기억하고 있다는 태도를 준비하는 과정입니다.

심방 일정도 충분히 조율되어야 합니다. 갑작스러운 방문이나 연락은 가정에 부담을 줄 수 있습니다. 심방은 언제나 상대의 시간과 삶의 리듬을 존중하는 방식으로 이루어져야 합니다.

준비의 단계 Tip

- 심방 전 짧게라도 학생 이름을 불러 가며 기도합니다.
- 이전 심방이나 통화 내용을 간단히 복기합니다.
- 시간과 방식(전화, 방문 등)을 명확히 조율합니다.
- '말을 잘해야 한다'는 부담을 내려놓습니다.

2) 심방 중: 만남의 단계

심방의 중심은 말하기가 아니라 경청입니다. 교사는 무엇인가를 전달하기 위해 찾아가는 사람이 아니라, 이야기를 들을 준비를 하고 찾아가는 사람입니다. 특히 발달장애인부서의 심방에서는 부모님의 말 속에 담긴 감정과 맥락을 읽어 내려는 자세가 중요합니다.

심방 중에는 질문을 많이 던지기보다, 상대의 이야기가 자연스럽게 이어지도록 기다려 주는 것이 필요합니다. 침묵이 흐를 때도 서둘러 채우려 하지 않아도 됩니다. 그 침묵조차도 안전한 공간이 될 수 있습니다.

또한 심방 중에는 평가하거나 비교하는 표현을 삼가야 합니다. "다른 집은 이렇게 하던데요.", "이 정도면 괜찮은 편이에요."와 같은 말은 의도와 달리 상처가 될 수 있습니다. 대신 "그 상황에서 많이 애쓰셨겠습니다.", "그동안 참 버티며 오셨네요."와 같은 공감의 언어가 관계를 지켜 줍니다.

기도는 반드시 길거나 정형화될 필요는 없습니다. 짧고 진솔한 기도 한마디가 오히려 가정에 오래 남는 경우가 많습니다.

만남의 단계 Tip

- 말을 줄이고, 경청합니다.
- 해결책보다 공감을 먼저 표현합니다.
- 평가·비교·조언을 서두르지 않습니다.
- 기도는 짧고 분명하게 드립니다.
- 학생의 반응과 컨디션을 계속 살핍니다.

3) 심방 후: 돌봄의 단계

심방은 만남으로 끝나는 사역이 아닙니다. 오히려 심방 이후의 돌봄이 심방의 진짜 완성이라 할 수 있습니다. 심방 중 나눈 이야기와 기도제목을 기억하고, 다시 연결하려는 작은 시도가 학생과 가정에게는 큰 위로가 됩니다.

심방 후에는 가능한 한 빠른 시일 내에 간단한 기록을 남기는 것이 좋습니다. 이는 보고를 위한 문서가 아니라, 기억과 기도를 돕는 개인적인 메모입니다. 또한 짧은 감사 메시지나 안부 인사는 심방이 일회성 방문이 아님을 보여 주는 중요한 신호가 됩니다.

이후 예배 시간이나 다음 연락에서 심방 중 나누었던 내용을 자연스럽게 언급해 주는 것도 좋습니다. 예를 들어 "그때 말씀해 주신 병원 일정은 잘 다녀오셨을까요?"라는 한 문장은 가정에 깊은 신뢰를 남깁니다.

돌봄의 단계 Tip

- 심방 후 24시간 이내 간단히 기록합니다.
- 기도제목을 개인 기도에 반영합니다.
- 짧은 감사 메시지로 마무리합니다.
- 다음 만남에서 이전 이야기를 기억해 줍니다.

6. 심방에서 지켜야 할 유의사항

심방은 따뜻한 사역이지만, 동시에 매우 섬세한 사역입니다. 그렇기에 몇 가지 기본적인 유의사항을 분명히 인식하는 것이 필요합니다. 이 유의사항들은 심방을 제한하기 위한 규칙이 아니라, 관계를 오래 지키기 위한 보호 장치입니다.

첫째, 심방은 언제나 존중과 비밀 보장을 전제로 합니다. 심방 중 나누어진 가정의 이야기와 개인적인 상황은 가볍게 공유되어서는 안 됩니다. 특히 교사들 간의 대화 속에서 심방 내용을 '정보'처럼 다루지 않도록 주의해야 합니다. 심방 내용은 꼭 필요한 선에서만 공유합니다.

둘째, 교사는 자신의 역할과 한계를 분명히 인식해야 합니다. 교사는 상담가도, 치료사도 아닙니다. 모든 문제를 해결하려 하거나, 가정의 결정을 대신하려는 태도는 오히려 부담을 줍니다. 교사의 역할은 함께 서 주고, 기도로 연결하며, 필요한 경우 교역자에게 다리를 놓는 것입니다. '내가 도와줘야 한다'는 부담을 내려놓습니다.

셋째, 혼자 감당하기 어려운 내용은 반드시 교역자와 상의해야합니다. 이는 책임을 떠넘기는 것이 아니라, 공동체적 돌봄을 실천하는 행동입니다. 학생의 안전, 가정의 심각한 위기, 반복되는 어려움은 혼자 품고 가기보다 반드시 공유되어야 합니다. 감당하기 어려운 사안은 즉시 교역자와 상의합니다.

마지막으로, 교사 자신의 상태를 살피는 것도 중요합니다. 심방 후 스스로의 감정 상태를 점검해야 합니다. 심방이 교사를 지치게 만들고 있다면, 그 방식이나 범위를 조정할 필요가 있습니다. 심방이 교사를 지치게 만든다면 방식의 조정이 필요하다는 신호일 수 있습니다. 지속 가능한 심방은 교사의 삶을 무너뜨리지 않습니다.

맺음말 : 심방은 예배를 세우는 기초공사입니다

심방은 눈에 잘 드러나는 사역이 아닙니다. 많은 사람들의 주목을 받는 일도 아니고, 단번에 눈에 보이는 변화를 만들어 내는 사역도 아닙니다. 그러나 공동체는 언제나 보이지 않는 자리에서 지켜지는 관계 위에 세워집니다. 누군가가 기억하고, 누군가가 찾아가고, 누군가가 기도하며 곁에 서 있을 때 공동체는 무너지지 않고 계속 이어질 수 있습니다.

발달장애인부서의 심방은 바로 그 자리를 지키는 사역입니다. 학생과 가정의 삶은 때로 예측하기 어렵고 긴 시간의 인내와 기다림을 요구하기도 합니다. 그럼에도 교회가 그 곁을 떠나지 않고 함께 걷는다면, 학생과 가정은 교회를 단순한 기관이 아니라 삶을 함께하는 공동체로 경험하게 됩니다.

교사는 거창한 능력을 가진 사람이 될 필요가 없습니다. 한 사람을 기억하고, 한 가정을 놓지 않으며, 예배를 위해 조용히 마음의 땅을 다지는 사람이면 충분합니다. 반복되는 작은 심방 속에서 학생과 가정은 "우리는 혼자가 아니다."라는 사실을 조금씩 경험하게 됩니다.

예배는 주일 당일 갑자기 시작되지 않습니다. 한 주간의 삶 속에서 준비된 마음 위에 세워집니다. 그리고 그 마음의 땅을 조용히 다지는 사역이 바로 심방입니다.

심방은 화려하지 않지만 공동체를 가장 단단하게 세우는 사역입니다. 보이지 않는 자리에서 예배를 준비하는 기초공사, 그것이 바로 심방입니다. 그리고 그 기초 위에서 공동체의 예배는 오늘도 다시 세워집니다.

부록. 심방 Q&A (교사들이 가장 많이 묻는 질문)

아래의 질문들은 교사들이 실제 현장에서 가장 자주 품는 질문들입니다. 이 질문들은 심방을 회피하고 싶어서가 아니라, 책임 있게 감당하고 싶기 때문에 생겨난 질문들입니다. 여기 있는 답변은 정답을 제시하기보다는 방향과 기준을 함께 나누는 데 목적이 있습니다.

1. 심방을 꼭 해야 하나요?

심방은 모든 교사가 동일한 방식으로 반드시 수행해야 하는 과제가 아니라, 공동체가 예배를 지켜 내기 위해 함께 감당하는 사역입니다. 그러나 발달장애인부서에서 심방은 예배를 가능하게 하는 중요한 연결 고리이기에, 각자의 형편 안에서 어떤 형태로든 참여하는 것이 필요합니다.

2. 전화심방이 너무 부담스럽습니다.

부담을 느낀다는 것은 심방을 가볍게 여기지 않는다는 증거입니다. 완벽한 말을 준비하려 하기보다, 짧은 안부와 기도 한마디로 시작해도 충분합니다. 전화가 부담스럽다면 메시지로 안부를 전하는 것부터 시작해도 좋습니다.

3. 무슨 말을 해야 할지 모르겠습니다.

심방에서 중요한 것은 말의 내용보다 태도입니다. "요즘 어떻게 지내세요?", "기도하고 있습니다."라는 짧은 말도 충분한 심방이 됩니다. 말이 막힐 때는 듣는 쪽에 서 있어도 괜찮습니다.

4. 신앙 이야기를 꼭 해야 하나요?

반드시 그렇지는 않습니다. 신앙 이야기는 관계 안에서 자연스
럽게 흘러나오는 것이지, 심방의 목표가 되어서는 안 됩니다. 삶
의 이야기를 충분히 듣는 것 자체가 이미 신앙적인 돌봄의 과정
입니다.

5. 어디까지 물어봐도 되나요?

상대가 먼저 나누는 만큼만 묻는 것이 원칙입니다. 궁금하더라
도 조심스럽게 확인하고, 대답을 원하지 않을 때는 그 경계를 존중
해야 합니다.

6. 개인적인 이야기를 들었을 때 어떻게 해야 하나요?

먼저 잘 들어 주고, 그 이야기를 혼자 감당하려 하지 않는 것이
중요합니다. 필요하다고 판단될 경우, 반드시 교역자와 상의해야
합니다.

7. 심방 내용을 다른 교사들과 나눠도 되나요?

기도와 돌봄을 위해 꼭 필요한 범위에서만 공유해야 합니다. 개
인의 사생활이나 민감한 내용은 공유 대상이 아닙니다.

—

제8장

발달장애 자녀를 둔 부모상담

—

황성재

Ⅰ. 들어가는 말

방문객

- 정현종 -

사람이 온다는 건

실은 어마어마한 일이다.

그는 그의 과거와 현재와 그리고 그의 미래와 함께 오기 때문이다.

한 사람의 일생이 오기 때문이다.

부서지기 쉬운 그래서 부서지기도 했을 마음이 오는 것이다.

그 갈피를 아마 바람은 더듬어 볼 수 있을 마음,내 마음이 그런 바람을 흉내 낸다면 필경 환대가 될 것이다.

발달장애 자녀를 둔 부모들과 처음 만날 때마다, 나는 이 시를 함께 읽곤 했다. 부모가 교회를 찾아와 모임에 참석했다는 것 자체가 이미 큰 용기이고, 깊은 의미가 담긴 걸음이기 때문이다. 부서지기 쉬운 마음, 그리고 때로는 이미 부서졌던 마음이 조심스레 찾아온 것이다. 그래서 나는 어설픈 조언이나 빠른 판단보다, 그분들의 지금 모습을 있는 그대로 받아들이고 따뜻하게 맞이하고 싶다는 마음으로 이 시를 함께 나눈다.

Ⅱ. 발달장애 자녀를 둔 부모의 고통

발달장애 자녀를 둔 부모는 경제적, 사회적, 정서적 요인을 포함해 삶의 전 영역에서 복합적인 어려움을 겪으며 살아가고 있다. 그들의 삶은 전면적인 변화를 맞이하게 되지만, 그럼에도 불구하고 매일을 다시 일으켜 세우는 깊은 사랑과 헌신의 여정은 계속되고 있다.

대부분의 부모가 자녀의 발달장애 진단을 처음 받는 곳은 병원이다. '정상'과 '비정상'이라는 기준으로 사람을 구분하며, 낯설고 갑작스러운 진단명을 접하게 된다. 이로 인해 큰 충격과 혼란을 경험하게 된다. 많은 부모들은 이러한 현실을 곧바로 받아들이기보다는, 어떻게든 극복할 수 있을 것이라는 희망을 품는다. 그러나 현실을 직면하지 못한 채 이상만을 좇는 과정은 불안을 키우고, 부정과 분노, 죄책감, 우울감으로 이어질 수 있다. 이러한 상태가 오래 지속되면 신경증으로 발전하는 경우도 있다.

이 글은 발달장애 자녀를 둔 부모들이 겪는 삶의 깊은 고통과 그로 인한 정서적, 사회적 어려움을 살펴보고, 이들을 돕기 위한 상담의 필요성과 그 방향성에 대해 함께 나누고자 한다.

1. 존재적 고통

자녀가 발달장애인이라는 사실을 받아들이는 과정에서, 많은 부모가 "왜 내 아이인가?"라는 질문을 던지게 된다. 병원에서 진단을 받는 과정 속에서 자연스럽게 원인에 집중하게 된다. 유전적 요인은 아닌지, 출산 과정에서 실수는 없었는지, 혹은 부모의 직업이나 생활 환경과 관련이 있는지 끊임없이 되짚어 보게 된다.

이런 과정을 거치면서 부모는 자녀의 장애가 '자신 때문 일지도 모른다'는 생각에 사로잡히고, 깊은 죄책감에 시달리게 된다. 이 뿌리 깊은 죄책감에서 벗어나기 위해, 때로는 장애를 반드시 극복해야 한다는 강한 의지를 갖게 되기도 한다. 그러나 이러한 태도는 오히려 장애를 있는 그대로 수용하고, 건강한 시선으로 바라보는 데 방해가 될 수 있다. 아래 표는 발달장애인 자녀를 둔 아임히얼 공동체에서 편하게 사용했던 표현들이다.

유형	내용
타이거맘	자녀의 장애를 극복하기 위해 가능한 모든 치료실을 찾아다니며 끝까지 포기하지 않고 싸우는 엄마를 일컫는 말이다. 하지만 그 동기가 부모의 죄책감에서 비롯된 것이라면, 아이는 과도한 치료 일정으로 인해 오히려 더 큰 부담과 어려움을 겪을 수 있다. 오랜 시간 지속 되면, 불안과 분노 감정이 찾아올 수 있다.

자포자기맘	자녀의 장애를 극복하기 위해 오랜 시간 과도한 치료 일정을 감내했지만, 뚜렷한 차도가 없고 지치고 힘든 상황이 지속 되면서 무력감에 빠진 상태의 엄마를 일컫는 말이다. 우울 감정이 찾아올 수 있다.
따뜻한 관찰자맘	자녀의 발달과 필요를 조급하지 않게 지켜보며, 아이의 속도에 맞춰 따뜻하게 동행하는 엄마를 일컫는 말이다. 치료나 교육에만 집중하기보다, 아이의 감정과 일상을 섬세하게 살피고 응원하면서 아이의 삶 전체를 품어주는 존재이다.

(새한글성경 요 9:2-3) 2.제자들이 예수님께 여쭈어보았다. "랍비님, 누가 죄를 지어서입니까? 이 사람입니까, 그의 부모입니까? 이 사람이 시각장애인으로 태어난 것이요?" 3.예수님이 대답하셨다. "이 사람 죄도 아니고, 그의 부모 죄도 아닙니다. 이 사람에게서 하나님의 일들이 드러나도록 하기 위해서입니다.

제자들은 날 때부터 시각장애가 있는 한 사람을 보며, 그의 장애가 누구의 죄 때문인지 예수님께 묻는다. 이는 장애를 죄의 결과로 보는 신명기 사관적 관점에서 비롯된 질문이다. 제자들은 본인의 죄인지, 아니면 부모의 죄인지 그 원인을 찾고자 한 것이다. 그러나 예수님은 죄의 '원인'에 집중하지 말고 하나님의 '목적'을 바라보라고 하신다. "이 사람이나 그 부모의 죄 때문이 아니라, 하나님의 하시는 일이 그에게 나타나게 하려 하심이라"(요 9:3)고 말씀하시며, 고통의 의미를 전환시키신다.

기복신앙의 관점에서는 장애가 형벌로 여겨지기도 한다. 하지만 예수님께서 말씀하신 팔복을 살펴보면, 심령이 가난한 자, 애통하는 자, 의에 주리고 목마른 자, 의를 위해 박해받는 자에게 복이 있다고 하신다. 즉, 고통을 통해 하나님께 가까이 가는 자(시 73:28)가 하나님의 복의 대상임을 말씀하신 것이다.

장애를 죄에 대한 형벌로 보는 시선은 사람을 '존재적 고통' 안에 가두지만, 장애를 '하나님의 일'로 바라보면 그 고통 속에서 손 내미시는 하나님과 함께 동행하는 삶을 살 수 있다. 그리고 그 여정 안에서 하나님의 뜻과 일이 드러나게 된다.

2. 관계적 고통

발달장애 자녀를 돌보는 여정은 마치 끊임없는 고통에 노출된 삶과 같다. 오늘과 내일이 다르고, 미래는 늘 불확실하기에 부모의 마음은 하루하루 더 무거워진다. 특히 자녀가 저학년일 때보다 고학년이 될수록 돌봄의 현실은 더욱 가중된다.

아이의 신체는 성장하지만 발달은 더디고, 체력은 강해지지만 감정 조절은 여전히 어렵다. 부모는 점점 더 많은 에너지를 쏟아야 하며, 돌봄의 부담은 해가 갈수록 커진다. 고등학교를 졸업한 이후에는 자녀와 보내는 시간이 더욱 길어지면서, 부모의 일상과 삶의 균형은 무너지기 쉽다. "긴 병에 효자 없다"는 말처럼, 오랜 시간 돌봄에 지친 부모 곁을 끝까지 함께하는 이들은 많지 않다. 시간이 흐르면서 가족, 친구, 이웃과의 관계는 서서히 멀어지고 그만큼 고립감은 깊어진다. 자녀를 돌봐야 한다는 책임감은 이전처럼 사람들과 어울리고 기쁨을 나누는 삶을 점점 더 어렵게 만든다.

1) 나와의 단절

욥은 고통 가운데 자신의 기력이 있었던 시절을 그리워하며, 질병 속에서 지금의 자신을 한탄하고 스스로와 단절됨을 느낀다.

내가 무슨 기력이 있기에 기다리겠느냐, 내 마지막이 어떠하겠기에 그저 참겠느냐 (욥기 6:11)

발달장애 자녀를 둔 부모들도 이와 비슷한 마음을 경험하곤 한다. 한때는 삶에 여유가 있었고, 자신만의 시간과 일상을 누릴 수 있었다. 특별한 날에는 소중한 사람들과 함께하며 기쁨을 나누고, 휴가와 여행을 통해 재충전의 시간을 가질 수 있었다. 그러나 지금은 많은 것이 달라졌다.

자녀의 돌봄은 하루 24시간 내내 이어지고, 퇴근 후에도 가정은 '휴식'이 아닌 또 다른 '일터'가 된다. 배우자와의 대화는 줄고, 친구들과의 만남은 멀어지며, 사적인 시간은 사치가 되어 버린다. 하고 싶었던 일들을 포기한 채 '지금'의 삶에 집중하지만, 문득문득 떠오르는 '이전의 나'는 현재의 삶과 낯설게 느껴진다.

부모는 스스로에게 묻는다. "나는 누구였고, 지금 나는 누구인가?" 과거의 기쁨은 기억 속에 남아 있을 뿐이며, 현재의 나는 지쳐 있다. 이러한 괴리감은 자기 정체성의 혼란으로 이어지고, 점점 자신을 믿기 어려워진다. 그리하여 한 사람으로서의 자존감은 무너지고, 마음속 깊은 곳에서 '나'라는 존재와 단절되는 아픔을 겪게 된다.

2) 친구와의 단절

사람이 느끼는 고통의 무게를 서로 비교하는 것은 어리석은 일이다. 고통은 철저히 개인적인 경험이며, 그 주체는 각자 다르기 때문이다. 동일한 상황이라 하더라도 어떤 사람에게는 견딜 수 있는 일이, 다른 사람에게는 깊은 상처와 절망으로 다가올 수 있다.

하지만 고통의 '깊이'보다 더 주목해야 할 것은 '지속되는 시간'이다. 친구나 지인이 곁을 떠나는 가장 큰 이유 중 하나도 바로 이 시간의 문제와 관련되어 있다고 생각한다. 예를 들어, 사랑하는 사람과의 사별은 가장 큰 고통 중 하나지만, 장례 절차와 애도의 시간을 통해 위로를 받고, 함께 슬퍼하며 그 시간을 견뎌낸다. 비록 그리움은 남지만, 하나님 안에서 다시 만날 것을 기대하며 고인을 떠나보내고 각자의 삶으로 돌아간다. 대부분은 현실에서 고인이 다시 살아오기를 바라지 않는다. 어렵지만 죽음을 수용하는 것이다.

그러나 발달장애인 자녀를 둔 부모는 상황이 다르다. 자녀의 장애를 수용하기보다는 '극복해야 할 과제'로 받아들이는 경우가 많다. 이로 인해 부모는 끝이 보이지 않는 고통 속에 놓이게 된다. 그 고통은 하루이틀로 끝나지 않고, 삶 전체를 관통하는 긴 여정이 된다. 더욱이 부모 자신이 세상을 떠난 이후, 자녀가 홀로 남겨질 미래를 떠올릴 때면 그 막막함과 두려움은 이루 말할 수 없다.

욥의 친구들 역시 처음에는 밤낮 칠 일 동안 아무 말 없이 욥 곁에 머물며 그의 고통에 함께했다(욥기 2:13). 그러나 시간이 흐르자 그들은 점차 침묵을 거두고, 욥을 판단하며 논쟁하기 시작했다.

"내 형제들은 개울과 같이 변덕스럽고, 그들은 개울의 물살 같이 지나가누나."(욥 6:15)

발달장애 자녀를 둔 부모는 지속적인 고통과 불안, 그리고 미래에 대한 두려움 속에서 인간관계의 어려움을 경험하게 된다. 친구들과의 관계는 자연스럽게 멀어지고, 이전과는 다른 모습으로 변해간다. 이는 친구들의 잘못이라기보다, 부모의 삶의 환경과 리듬이 근본적으로 달라졌기 때문이다.

인간은 육체적, 심리적 한계를 지닌 존재이며, 하나님께서 그렇게 창조하셨다. 타인의 고통을 온전히 감당하며 끝없이 함께 짊어지는 일은 인간의 힘만으로는 불가능하다. 오히려 건강한 관계를 위해서는 적절한 거리와 쉼이 필요하다.

그렇기에 발달장애 자녀를 둔 부모에게는 결국 하나님 앞에 머무는 '고독의 시간'이 필요하다. 그것은 단순한 외로움이 아니라, 하나님께만 이해받을 수 있는 자리로 나아가는 것이다. 하나님의 위로와 임재를 경험하는 시간이 된다.

3) 하나님과의 단절

"전능자의 화살이 내게 박히매, 나의 영이 그 독을 마셨나니, 하나님의 두려움이 나를 엄습하여 치는구나."(욥기 6:4)

발달장애 자녀를 둔 부모는 신앙 안에서도 깊은 혼란과 내적 갈등을 경험하곤 한다. "하나님, 왜 이런 일이 제게 일어나야 했습니까?"라는 기도로 하나님의 응답을 구하지만, 현실은 여전히 고통스럽고 쉽게 받아들여지지 않는다.

자녀의 아픔을 자신의 책임으로 여기며 자책하는 경우도 많고, 사단은 이러한 부모의 마음을 끊임없이 정죄한다. 때로는 자녀의 장애를 하나님께로부터 받은 형벌로 오해하기도 하며, 그로 인해 하나님과의 관계를 두려워하며 멀어지는 경우도 있다.

그러나 하나님은 결코 우리를 외면하지 않으신다. 고통의 한복판에서 여전히 손을 내미시며 기다리시고, 그 손을 붙잡을 때 우리는 하나님의 깊은 위로와 회복의 은혜를 경험하게 된다. 고통은 사라지지 않을지라도, 그 고통을 이겨 낼 수 있는 내적인 힘을 끊임없이 공급해 주신다. 회복은 고통이 없어지는 것이 아니라, 때를 따라 도우시는 하나님의 은혜를 지속적으로 경험하는 것이다.

3. 사회적 고통

1) 편견과 차별

오늘날 발달장애에 대한 사회적 인식은 과거보다 많이 개선되었지만, 여전히 인식 부족과 편견, 차별로 인해 발달장애 자녀를 둔 부모는 무례한 시선과 불편한 상황을 자주 마주하게 된다. 특히 '선량한 차별주의자'는 자신이 차별하고 있다는 사실조차 인식하지 못한 채 선한 의도로 말하거나 행동하지만, 그 결과는 깊은 상처를 남긴다. 차별을 경험하는 사람은 많지만, 정작 차별을 하고 있다고 자각하는 사람은 많지 않다는 점에서 이 문제는 더욱 복잡하다.

이러한 부정적인 경험은 부모로 하여금 자녀를 사회로부터 숨기거나 격리하려는 방향으로 나아가게 만들기도 한다. 편견과 차별은 부모에게 정서적 고통을 안기고, 이는 우울과 분노로 확산되며 결국 가족 전체가 사회적 고립을 겪게 된다. 실제로 발달장애 자체보다 더 큰 어려움으로 사회적 차별로 인해 생기는 이차적인 정서적 상처인 경우가 많다.

법적으로 상시 근로자 50인 이상 사업장은 연 1회 이상 전 직원을 대상으로 장애인식개선 교육을 의무적으로 시행하고 있다. 교회 역시 차별 없는 공동체로 나아가기 위해 장애인식개선 교육을 적극적으로 도입할 필요가 있다. 진정한 수용은 단지 선한 의도에 머무르지 않고, 정확한 인식과 구체적인 실천으로 이어질 때 가능하다.

2) 교육적 한계

통합교육의 취지와 가치를 지지함에도 불구하고, 현재의 교육 현장은 여전히 많은 한계를 드러내고 있다. 발달장애인과 비장애인이 같은 교실에 머무는 '물리적 통합'은 이루어지고 있지만, 교육 내용과 방식, 지원 체계까지 포괄하는 실질적인 통합으로 나아가기에는 부족한 현실이다. 개별 아동의 특성과 필요를 반영한 교수 전략과 충분한 지원 인력이 마련되지 않은 상태에서는, 통합은 오히려 또 다른 소외로 이어질 수 있다

한편 발달장애인에게 필요한 특수학교는 지역별로 수가 제한적이어서 입학을 원하더라도 진학이 어려운 상황이 빈번하다. 정원 부족으로 어쩔 수 없이 일반학교로 가거나, 거주 지역과 멀리 떨어진 학교를 선택해야 하는 경우도 적지 않다. 이로 인해 부모는 장시간 통학이나 전학, 심지어 이사를 고민해야 하며, 자녀에게 가장 적합한 교육 환경을 선택하지 못한다는 부담을 안게 된다. 이러한 선택의 어려움은 단순한 행정적 문제가 아니라, 자녀의 발달과 미래에 직접적인 영향을 미치는 중요한 결정이기에 부모의 심리적 압박을 더욱 가중시킨다.

3) 경제적 부담과 제도적 한계

발달장애 자녀를 양육하는 데에는 치료, 재활, 교육 등 다양한

영역에서 장기적이고 지속적인 비용이 발생한다. 특히 발달 단계에 따라 필요로 하는 서비스가 계속 달라지며, 그에 따른 지출도 꾸준히 이어지기 때문에 경제적 부담은 결코 일시적이지 않다. 또한 자녀의 돌봄과 관리를 위해 부모 중 한 명이 일을 그만두고 전담 양육을 맡는 경우가 많아 부부 모두의 경제활동은 어려워지고 지출에 대한 부담만 남게 된다.

특히 외부에서 일하며 가족을 부양해야 하는 아버지들은 경제적 책임과 자녀에 대한 걱정 사이에서 심한 갈등과 고통을 겪는다. 회사에서는 안정적인 직장인으로, 집에서는 전담 돌봄을 수행하는 보호자로 살아가야 하는 이중의 부담은 때때로 깊은 외로움과 소진으로 이어진다. 이처럼 발달장애 자녀를 둔 부모의 삶은 지속적인 긴장 상태에 놓여 있으며, 누구 한 사람의 희생만으로는 감당할 수 없는 구조적 어려움이 존재한다.

정부와 지자체에서도 다양한 지원 제도를 시행하고 있지만, 여전히 현장의 필요를 충분히 충족하기에는 미흡한 수준이다. 따라서 발달장애 자녀를 둔 가정의 삶을 온전히 지지하기 위해서는, 개별 가정의 책임을 넘어서는 국가 차원의 구조적 지원, 즉 '발달장애 국가책임제'가 도입되어야 한다. 부모가 돌봄의 부담에서 벗어나 삶의 여백과 존엄을 회복할 수 있도록, 실질적이고 지속적인 정책적 보완이 절실히 요구된다.

Ⅲ. 발달장애 자녀를 둔 부모의 주요 심리적 어려움

발달장애 자녀를 둔 부모와의 상담에서 가장 자주 마주하게 되는 핵심 감정은 '불안', '분노', '우울'이다. 이 세 가지 감정은 누구나 경험할 수 있는 보편적인 정서이지만, 발달장애 자녀를 둔 부모에게는 더욱 강도 높게, 그리고 반복적으로 나타나는 경향이 있다. 아이의 현재와 미래에 대한 불안, 반복되는 양육 스트레스에서 비롯된 분노, 일상 속에서 점점 스며드는 우울은 서로 얽히며 심리적 균형을 무너뜨린다.

이러한 감정들이 오랜 시간 충분히 돌봄받지 못한 채 누적될 경우, 단순한 정서적 어려움을 넘어 신경증적 양상으로 나타나거나, 심한 경우에는 정신증 까지 이어질 수 있다. 따라서 감정의 표면적인 반응만을 다루기보다, 그 이면에 자리한 심리적 압박과 현실의 무게를 깊이 이해하고 접근하는 상담적 개입이 필요하다.

1. 불안

불안은 모든 사람이 경험하는 자연스러운 감정이다. 때로는 위험을 미리 경고하고, 우리가 목표를 향해 올바른 방향으로 가고 있는지를 점검하게 해주는 유익한 기능도 한다. 그러나 불안이 지나치게 커져 일상에 지장을 줄 정도가 되면, 심리적 문제로 발전할 수 있다.

발달장애 자녀를 키우는 부모는 일상 속에서 늘 '불안'이라는 감정과 함께 살아간다. 이 불안은 단순히 걱정이 많은 성격 때문이 아니라, 자녀의 상태가 언제, 어떻게 변화할지 알 수 없다는 예측 불가능성에서 비롯된 매우 현실적인 반응이다.

아이의 발달이 또래보다 늦어지는 것, 주변의 시선, 학교에서의 어려움, 치료와 지원 체계의 한계 등은 부모의 마음속에 지속적인 긴장을 만들어 낸다. "앞으로 이 아이는 어떻게 살아갈 수 있을까?", "내가 이 돌봄을 계속 감당할 수 있을까?"라는 질문은 하루에도 수차례 부모의 마음을 사로잡아, 불안을 놓지 못하게 만든다.

1) 미래감정

불안은 '미래'에 초점을 둔 감정이다. 불안 수준이 높은 사람은 자신의 현재 감정이나 경험보다, 앞으로 일어날 수 있는 상황이나 타인과의 관계에 대한 걱정에 더 집중하는 경향이 있다. 이들은 구체적인 현실보다 미래에 대한 막연한 상상을 반복적으로 언급하며, 이때 가장 자주 등장하는 표현이 바로 "~할까 봐요"이다.

예시
"아이가 혼자 학교에서 문제를 일으킬까 봐요."
"아이가 다른 사람에게 피해를 줄까 봐요."
"아이에게 무슨 일이 생길까 봐요."

이처럼 내담자의 인식이 미래의 부정적인 가능성에 지속적으로 머물게 되면, 불안은 점점 더 증폭되어 일상 전반을 지배하게 된다. 중요한 것은 이 불안이 단순한 걱정이 아니라, 실제 삶의 기능을 저해하고 관계와 행동에 영향을 미치는 정서적 과잉반응이라는 점이다.

2) 재앙화 사고

불안이 반복되고 조절되지 않으면, 점차 재앙화 사고로 발전할 수 있다. 재앙화 사고란, 사소한 문제나 가능성을 실제보다 훨씬 더 크고 끔찍한 재난으로 인식하는 사고 경향을 말한다. 즉, 일어나지 않은 일을 최악의 시나리오로 상상하며, 그것이 마치 곧 현실이 될 것처럼 느끼는 상태다.

예시
"아이의 발달이 조금 느린 것 같아요" → "평생 아무것도 못 하고 혼자 살아야 한다"

이러한 사고는 아직 일어나지 않은 일임에도 불구하고, "곧 일어날 것이다", "내 예감은 틀리지 않을 것이다"와 같은 강한 확신을 동반한다. 이는 대표적인 인지 왜곡이며, 결과적으로 부모의 심리적 고립을 심화시키고 불안을 더욱 증폭시킨다.

3) 터널시 효과

인지 왜곡은 종종 '터널시 효과'로 설명될 수 있다. 자동차가 터널에 들어서면 운전자가 오직 정면의 빛만 보고 달리듯, 심리적으로 불안이 높아지면 사람의 인지와 감정의 시야도 역시 극도로 좁아진다. 이때는 주변의 다양한 가능성과 대안은 보이지 않고, 오직 하나의 생각이나 감정에만 몰입된 상태에 빠지게 된다. 이러한 인지적 편향은 "다른 길도 있다"는 조언이 잘 들리지 않게 만들고, 희망적인 가능성조차 받아들이지 못하게 한다.

예시

"치료실을 다녔지만 아직도 똑같아요. 전혀 나아진 게 없어요."

터널시 효과가 작동하면, 부모는 치료의 과정과 방향보다 여전히 남아 있는 어려운 행동 하나에 시선을 고정하게 된다. 그래서 치료실을 다니며 나타난 작은 변화들은 인식하지 않고, "아직도 똑같다"는 결론에 이른다. 이때 부모의 인식에서는 '완전히 달라지지 않았다'는 사실이 '아무 변화도 없다'는 판단으로 왜곡된다. 터널시 효과는 이렇게 실제 변화를 보지 못하게 만들고, 희망의 가능성마저 가려 버린다.

4) 회피

불안이 높아질 때 가장 흔하게 나타나는 방어기제는 회피이다. 사람은 불안한 상황에 직면했을 때, 그 상황을 피함으로써 일시적인 심리적 안정을 얻으려는 경향이 있다. 그러나 회피는 문제를 근본적으로 해결하지 못한 채 불안을 더욱 증폭시키고, 결국 악순환을 초래한다.

불안이 큰 사람은 종종 딜레마 속에 놓인다. 예를 들어, 시험을 잘 보고 싶은 욕구가 있다면 공부를 하면 된다. 그러나 시험 실패에 대한 두려움이 강한 사람은 "공부해도 망할 거야", "나는 원래 안 되는 사람이야"라는 식의 자동적 사고에 사로잡혀, 공부 자체를 회피하게 된다. 이러한 자동적 사고는 무의식적으로 떠오르는 부정적인 생각으로, 현실을 왜곡하고 불안을 더욱 부추긴다.

반면, 불안을 유발하는 상황을 회피하지 않고 직면하고 행동에 나설 때, 불안은 점차 줄어들 수 있다. 불안은 피한다고 사라지는 감정이 아니라, '행동'을 통해 다뤄야 할 감정이다. 부정적인 자동적 사고를 인식하고 도전하며, 작더라도 구체적인 행동을 시작할 때, 비로소 불안의 악순환에서 벗어날 수 있다. 불안을 이겨 내는 열쇠는 '하지 않음'이 아니라 '작은 행동의 시작'에 있다.

2. 불안의 치료적 접근

불안은 피한다고 사라지는 감정이 아니라, 직면하고 '행동'을 통해 다뤄야 할 감정이다. 회피하게 만드는 비합리적 사고를 인식하고, 그것이 사실인지 질문하며 도전하는 과정이 필요하다. 또한 불안을 완전히 없애려 하기보다, 불안을 느낀 채로도 할 수 있는 작은 행동을 선택하는 것이 중요하다. 작더라도 구체적인 행동을 반복해 나갈 때, 불안은 삶을 멈추게 하는 힘이 아니라 다룰 수 있는 감정이 되며, 비로소 불안의 악순환에서 벗어날 수 있다.

1) 인지재구성

생각, 감정, 행동은 서로 연결되어 있다. 우리가 어떤 생각을 하느냐에 따라 감정이 만들어지고, 그 감정은 다시 우리의 행동으로 이어진다. 그래서 비합리적 사고나 왜곡된 사고를 찾아내는 것이 중요하다. 그 생각을 그대로 믿기보다, 더 현실적이고 균형 잡힌 생각으로 다시 정리하는 과정을 인지 재구성이라고 한다. 이를 통해 감정의 강도가 조절되고, 행동도 보다 건강한 방향으로 변화할 수 있다.

치료적 관점	내용
인지재구성 (비합리적사고 →합리적사고)	뇌병변과 뇌전증 장애가 있는 한 아이는 지난 7년 동안 하루에 약 3번씩 경련을 해 왔다. 계산해 보면 약 7,665번에 이른다. 한 번은 경련 중 몸이 반달처럼 굳은 상태로 머리가 땅에 부딪쳤고, 잠시 떠올랐다가 다시 바닥에 머리가 부딪히는 장면을 부모가 직접 목격하기도 했다. 그 장면 앞에서 부모는 자녀를 충분히 돌보지 못했다는 죄책감과 함께, "자녀의 손을 잡아 주지 않으면 분명 뇌진탕에 걸릴 것이다"라는 자기 확신에 가득 찬 신념을 갖게 된다. 그러나 7년이 지난 지금 돌아보면, 자녀는 수천 번 넘어졌지만 늘 오뚝이처럼 다시 일어났고, 뇌진탕이 온 적은 단 한 번도 없었다. 결국 확신했던 "아들의 손을 잡아 주지 않으면 뇌진탕이 올 것이다"라는 생각은 비합리적인 신념이었던 셈이다. 물론 이는 결과론적인 해석일 수도 있다. 그러나 평생 손을 잡아 줄 수도 없고, 손을 잡고 있다 하더라도 다칠 가능성이 완전히 사라지는 것은 아니다. '혹시 다치지 않을까'라는 두려움 때문에 평생 손을 붙잡고만 살 수는 없는 일이다. 끊임없이 넘어지고도 다시 일어나는 아들의 모습을 바라보며, 부모의 생각은 조금씩 바뀌기 시작한다. "아들의 손을 놓아 주어도 괜찮다. 넘어져도 스스로 몸을 지킬 힘이 있고, 무엇보다 하나님께서 보호해 주신다. 그리고 아들은 다시 일어날 것이다." 이러한 생각의 전환, 이것이 바로 인지 재구성의 과정이다. 비합리적 사고 "아들의 손을 잡아 주지 않으면 분명 뇌진탕에 걸릴 것이다." 합리적사고 "손을 잡으면 더 안전할 거야. 잡지 않는다고 꼭 뇌진탕이 오는 것은 아니야."

2) 노출치료

불안에 대한 노출치료는 불안을 피하기보다, 내담자가 감당할 수 있는 수준에서부터 불안 자극에 점진적으로 노출시키는 치료 방법이다. 처음에는 가장 덜 불안한 상황부터 시작해, 단계적으로 불안의 강도를 높여 간다. 이 과정을 통해 불안이 실제로는 위험하지 않다는 것을 몸으로 학습하게 되고, 불안에 대한 민감도와 회피 행동이 점차 감소한다. 결과적으로 내담자는 불안을 통제할 수 있다는 자신감을 회복하게 된다.

치료적 관점	내용
노출치료	한 번은 자폐성 장애 자녀를 둔 한 부모가 "예배 시간에 아이가 소리를 지를까 봐 교회에 가지 못하고 있습니다"라고 말한 적이 있습니다. 부모에게 예배 시간에 소리를 지르는 자녀를 마주하는 일은 결코 쉽지 않습니다. 예배를 통해 하나님을 만나는 시간이라기보다, 자녀의 행동에 대한 긴장과 당혹감 속에서 놀란 마음을 수습하는 시간이 되기도 합니다. 그 경험이 반복되면, 자녀와 함께 예배드리는 일 자체가 부담스럽고 두려운 기억으로 남게 됩니다. 이러한 상황에서 주일 예배에 처음부터 끝까지 반드시 참여해야 한다는 기준을 제시한다면, 그 부모는 결국 교회로부터 멀어질 수밖에 없습니다. 이러한 상황에 노출치료를 적용한다면, 예배에 대한 불안을 피하게 하기보다 부모와 자녀가 감당할 수 있는 수준에서부터 예배 환경에 점진적으로 노출시키는 것이 좋은 방법이 될 수 있다. 처음부터 주일 예배 전체에 참여하도록 요구하기보다, 예배당 앞에 잠시 머물기, 예배 중 일부 시간만 참여하기, 조용한 공간에서 예배 소리를 듣는 것 등 불안이 과도하게 높아지지 않는 단계부터 시작하는 것이 중요하다. 무엇보다 자폐성 장애에 대한 이해도가 높은 교회를 만나는 것은, 이러한 과정을 안전하게 지속해 갈 수 있는 가장 좋은 조건이 될 수 있다. 회피행동 "예배 중 아이가 소리 지를까 봐 교회에 안 가요." 점진적 노출 ①예배 전에 교회 주차장 앞에서 시간 보내기, 목사님께 기도만 받기. ②예배 시작 전 예배당에 잠시 앉아서 기도하고 나오기 ③10분간 찬양에 참여 후 나가기 ④뒷 자리에서 예배하기 ⑤예배 끝까지 드리고 성도들과 함께 인사하기

3) 언두잉

'언두잉'은 정신분석학에서 사용되는 방어기제 중 하나로, 자신이 했던 행동이나 생각, 감정을 '취소'하려는 무의식적인 시도를 말한다. 예를 들어 "그 행동을 했지만, 다른 행동으로 덮고 싶어", "내가 임신 중에 좀 더 조심했어야 했는데", "내가 더 일찍 아이의 이상을 알아챘어야 했는데", "내가 부족해서 아이가 장애를 갖게 된 것은 아닐까"와 같은 후회와 자기책망은 불안이 다른 형태로 나타난 모습이라 할 수 있다. 언두잉은 사람을 과거에 머물게 하고, 현재의 행동을 제한한다.

불안을 다루는 핵심적인 치료 방향은 '언두잉'에서 '두잉'으로의 전환이다. 언두잉은 불안을 없애기 위한 반사적 반응으로, 감정을 부정하거나 무효화하려는 시도로 나타난다. 이는 과거의 생각과 감정에 얽매이게 하여 현재에 집중하지 못하게 한다. 반면, 두잉은 감정을 있는 그대로 수용하고, 현실 속에서 의미 있는 행동을 실천하려는 의지적 노력이다. 상담자는 내담자가 감정에 휘둘리지 않고 현재의 삶 속에서 실질적인 변화를 만들어 갈 수 있는 존재임을 지속적으로 상기시키고, 행동 중심의 접근을 통해 변화 가능성을 지지해야 한다.

치료적 관점	내용
언두잉을 두잉으로 전환	언두잉 - 부모는 마음속에 깊은 죄책감을 안고 있다. "내가 더 잘했더라면 아이가 이렇게 되지 않았을 텐데."이 생각은 곧 "그래서 지금이라도 아이를 고쳐야 한다"는 강박으로 이어진다. 치료를 더 찾고, 더 빨리 변화가 일어나야 한다는 조급함에 사로잡힌다. 이는 과거의 선택과 자신을 끊임없이 취소하려는 언두잉의 모습이며, 불안을 잠시 달래기 위한 시도이지만 부모와 아이 모두를 현재의 삶에서 멀어지게 만든다.

<table>
<tr><td>언두잉을
두잉으로 전환</td><td>두잉 – 상담을 통해 부모는 아이를 "고쳐야 한다"는 마음 뒤에, 사실은 자기 자신을 향한 죄책감과 불안이 숨어 있었다는 것을 인식한다. 두잉은 아이를 포기하는 것이 아니다. 또, 아무것도 하지 않는 것도 아니다. 두잉은 과거의 잘못을 바로잡는 조치가 아니라, 지금 이 아이와 함께 살기로 마음을 옮기는 것이다. "고쳐야 할 문제"로 아이를 바라보는 대신, 함께 살아가는 사람으로 곁에 있는 연습을 한다. 이렇게 부모의 행동이 바뀌면서, 불안도 조금씩 줄어든다. 아이를 바꾸지 않아도, 오늘을 함께 살 수 있다는 경험이 쌓이기 시작하는 것이 두잉이다.</td></tr>
</table>

4) 기독교 상담적 불안치료

기독교 상담적 불안 치료는 인지 재구성과 유사한 접근을 취하지만, 사고의 기준을 개인의 이성이나 감정이 아니라 하나님의 말씀과 관점에 둔다는 점에서 중요한 차이가 있다. 이는 '내 생각'이나 '내 감정'을 중심에 두는 것이 아니라, 하나님의 시선과 진리의 말씀을 통해 발달장애 자녀를 양육하는 현재의 상황을 다시 해석하도록 돕는 과정이다. 이 과정에서 발달장애 자녀를 둔 부모는 불안을 제거하거나 완벽히 통제하려 애쓰기보다, 불안 속에서도 하나님을 신뢰하고 맡기는 태도를 배워 가며, 끝이 보이지 않는 양육의 현실 속에서도 의미와 방향성을 회복하게 된다.

이러한 접근은 "너희 염려를 다 주께 맡기라 이는 그가 너희를 돌보심이라"(벧전 5:7)는 말씀에 잘 드러난다. 이 말씀은 발달장애 자녀를 둔 부모가 느끼는 염려와 불안을 정죄하지 않는다. 오히려 염려가 찾아올 때, 그것을 억누르거나 부정하기보다 기도를 통해 하나님께 맡기고 하나님의 뜻을 구하도록 이끈다. 불안을 다루는 기준 역시 "내가 더 잘해야 아이가 괜찮아진다"는 부모 책임 과잉과 통제 중심의 사고에서, "하나님께서 아이와 나를 함께 돌보신다"

는 신뢰 중심의 믿음으로 전환된다. 말씀을 통해 부모는 모든 것을 혼자 감당해야 한다는 자리에서 내려와, 하나님의 주권과 사랑 안에서 현재를 해석하고 자신의 감정을 맡길 수 있는 평안을 배워 가게 된다.

2. 분노

분노는 흔히 통제하거나 조절해야 할 부정적 감정으로 간주 되지만, 실제로는 내담자가 경험한 좌절된 기대, 반복된 욕구의 결핍, 관계적 상처가 드러난 표면 감정으로 이해할 필요가 있다. 이는 단일한 자극에 대한 즉각적인 반응이라기보다, 누적된 생애 경험과 구조적 결핍이 복합적으로 작용한 결과로 보는 것이 적절하다. 따라서 상담에서는 분노를 억제의 대상이 아니라, 내담자의 필요와 상처를 이해하기 위한 신호로 다루어야 한다. 이 관점은 분노 뒤에 숨겨진 정서와 욕구를 탐색함으로써, 보다 근본적인 치유와 관계 회복의 가능성을 열어 준다.

1) 정신역동적 관점

감정은 에너지이며, 그 자체로는 사라지지 않는다. 특히 억압된 감정은 의식 수준 아래에 머물며 무의식의 저장고 속에 차곡차곡 쌓이게 된다. 프로이트가 제시한 수압식 감정 이론에 따르면, 감정은 일정한 압력을 지닌 에너지처럼 작동하며 출구 없이 억눌릴 경우 내부 압력이 점점 높아지게 된다. 이처럼 해소되지 못한 감정은 일정 임계점을 넘어서면 분노의 형태로 응축되거나 신체화 증상,

과민 반응, 충동적 행동으로 튀어나올 수 있다. 감정은 스스로 사라지지 않으며 반드시 흐름과 순환의 통로를 요구한다.

따라서 감정은 억제하거나 회피할 대상이 아니라, 의식하고 안전하게 방출하며 해소되어야만 한다. 정서적 환기, 즉 감정의 '출구'가 필요하다.

단계	비유	내용
분노 에너지 생성	물	자녀의 예기치 못한 행동, 반복되는 돌봄, 사회적 시선 등으로 인해 분노, 좌절, 무력감이 지속되어 생성된다.
억압과 축적	밸브 잠금	"좋은 부모는 화를 내면 안 된다"는 당위적 신념 속에서 분노를 억제한다.
분노의 누적	끓는 주전자	억제된 감정이 심리 내에서 압력처럼 축적되며, 이는 신체적으로 경직된 상태에 있게 된다.
분노 폭발	압축된 탄산 병	일정 수준 이상 억제된 감정은 과도한 분노 반응으로 표출되거나, 우울(분노를 내면으로 표출) 증상이 나타나기도 한다.
치료기법	정서적 환기: 의식화 → 표면화 → 해소화 지속적 순환 구조 만들기	

2) 심리적 관점

발달장애 자녀를 둔 부모의 분노는 단순히 외부 자극에 대한 반응이 아니라, 자녀와 자신에게 품고 있던 기대가 무너지고, 내면에 자리한 당위적 신념("나는 좋은 부모여야 한다", "아이도 나아져야 한다")이 현실과 충돌하면서 나타나는 심리적 갈등의 표현이다. 이러한 신념과 기대는 부모의 정체성과 자존감에 맞닿아 있으며, 그것이 위협받을 때 분노로 전이된다. 따라서 이들의 분노는 억제하거나 단순히 조절할 대상이 아니라, 내면의 기준과 감정 구조를 이해하고 재구성하는 과정을 통해 다뤄져야 한다.

① 기대가 분노를 만든다.

기대 수준이 높을수록 좌절을 경험할 가능성도 커지며, 이러한 좌절은 분노로 이어질 수 있다. 분노는 단순한 감정 반응이 아니라 깨진 기대에 대한 심리적 반응이며, 결국 기대 현상과 밀접하게 연결되어 있다. 특히 일부 부모는 좌절의 고통을 피하기 위해 분노로 미리 방어하기도 하는데, 이는 감정 표현이 아닌 심리적 자기보호 전략으로 기능한다.

② 당위적 신념

발달장애 자녀를 둔 부모는 자녀와 자신에 대해 "아이에게 화를 내면 안 된다", "치료를 받으면 변화가 있어야 한다"와 같은 당위적 신념을 내면에 가지고 있는 경우가 많다. 이러한 신념은 부모로서의 책임감과 기대에서 비롯된 것이지만, 현실이 그 기준에 미치지 못할 때 부모는 좌절, 무력감, 죄책감을 경험하고, 이 감정들이 억눌리면서 결국 분노의 형태로 표출되기도 한다. 즉, 분노는 단순한 반응이 아니라, '이래야만 한다'는 자기 신념과 실제 상황 사이의 간극에서 생기는 심리적 갈등의 결과인 것이다.

이러한 분노를 건강하게 다루기 위해서는, 먼저 부모가 내면에 자리한 비합리적인 신념을 인식하고 유연하게 재구성할 수 있도록 돕는 것이 중요하다. 특히 치료적 개입에서는 "완벽한 부모여야 한다"는 이상적 기준을 "충분히 애쓰고 있는 나를 인정하는 태도"로 전환해야 한다.

당위적 사고를 내려 놓는 과정에서 발달장애 자녀를 둔 부모는 좌절을 경험하기도 한다. 하지만 좌절은 변화의 시작점이며, 진정한 변화는 좌절을 통과할 때에만 가능하다. 기대가 무너지고, 뜻대로 되지 않는 현실을 받아들일 때 부모는 단순한 자기연민의 눈물이 아니라, 체념의 눈물을 흘리게 된다. 여기서 말하는 체념은 아무것도 할 수 없다는 포기나 무기력이 아니다. 그것은 더 이상 비현실적인 기대와 싸우지 않겠다는 결단이며, 지금의 현실을 있는 그대로 받아들이려는 심리적 전환이다. 체념은 '노력의 중단'이 아니라, 불가능한 것을 내려놓고 가능한 것을 다시 선택하는 과정이다. 이때 부모는 자신과 자녀를 향한 가혹한 기준에서 한 걸음 물러나, 관계와 삶을 새롭게 바라볼 수 있는 여지를 얻게 된다.

이러한 체념은 수용의 시작이며, 현실을 받아들이는 첫 번째 단계로서 변화를 위한 디딤돌이 된다. 이 눈물은 내면의 갈등을 풀어내는 과정이자, 이전과는 다른 방식으로 살아갈 수 있게 하는 감정적 전환점이 된다.

	비합리적 신념	분노 발생 반식	치료적 개입 전략
1	"나는 완벽한 부모여야만 해"	작은 실수에도 자기비난	완벽주의 인식 및 실패 수용 훈련
2	"내 자녀는 비장애인처럼 행동해만 해"	자녀의 행동이 기대에 미치지 못할 때 분노 유발	기대 수준 현실화, 자녀의 있는 모습 그대로 수용 훈련
3	"교회(사람들은)는 우리 가족을 이해해줘야만 해"	이해받지 못한다는 감정이 분노로 표출	이해 받지 못할 수 있는 현실을 수용
4	"나는 분노하면 안 돼"	감정을 억누르다 폭발	감정표현 훈련. 나쁜 감점은 없다는 인식을 확립
5	"내가 노력하면 자녀가 좋아질 거야"	성과가 없을 때 자책 → 무력감 → 분노	노력과 성과를 분리해서 사고

3) 이마고적 관점

분노는 하나의 현상이며, 이마고(이미지)로 존재한다. 이는 내면에 자리한 이미지로, 개인의 가치관을 통해 내면화된 것이다. 분노가

나는 순간, 이 이미지가 형상화되어 행동(acting)으로 드러난다. 우리는 어릴 때 부모의 분노 표현을 반복적으로 경험하면서, 그 모습을 하나의 이마고(이미지)로 받아들이고 내면화한다. 예를 들어, 아버지가 화를 낼 때의 말투나 표정, 태도는 고스란히 마음속에 각인되어, 이후 비슷한 상황에서 자연스럽게 그 이미지를 따라 행동하게 된다. 이렇게 부모의 분노 방식은 자녀에게 학습되어 전달되며, 분노는 개인의 성향이 아니라 사회적 맥락 속에서 배운 결과임을 보여준다.

이러한 이해를 바탕으로 한 치료적 접근은, 분노를 억제하거나 없애려 하기보다는 그 감정이 어떤 이미지와 경험에서 비롯되었는지를 '지금 여기'에서 인식하게 돕는 것이다. 내면에 자리한 분노의 형상을 정확히 알아차리고 수용해야 한다.

4) 기독교 상담적 분노 치료

발달장애 자녀를 둔 부모가 경험하는 분노는 단순한 감정 조절의 문제가 아니다. 이 분노는 오랜 돌봄의 과정 속에서 반복된 좌절, 이해받지 못한 경험, 끝이 보이지 않는 책임감과 피로가 누적되며 드러나는 정당한 정서적 반응이다. 기독교 상담적 관점에서는 이러한 분노를 억제하거나 죄책감으로 덮어야 할 감정으로 보지 않고, 부모의 상처와 필요가 하나님 앞에 드러난 중요한 신호로 이해한다. 성경은 "분을 내어도 죄를 짓지 말며"(엡 4:26)라고 말하며, 분노 자체보다 그 분노를 어떻게 다루는지가 중요함을 분명히 한다. 발달장애 자녀를 둔 부모의 분노 역시 죄 그 자체라기보다, 감당하기 어려운 현실 앞에서 터져 나온 마음의 외침일 수 있다. 기독교 상담적 분노 치료는 부모가 자신의 분노를 부정하거나 억누르기보다, 하나님 앞에 솔직하게 가져가 그 분노의 뿌리를 성찰하도록 돕는다. 이 과정에서 부모는 자기 비난에서 벗어나, 분노 뒤에 숨겨진 슬픔, 두려움, 외로움을 인식하게 된다. 그리고 "모든 것을 내가 감당해야 한다"는 통제 중심의 사고에서, "하나님께서 나와 자녀를 함께 돌보고 계신다"는 신뢰 중심의 믿음으로 서서히 전환된다. 기독교 상담적 분노 치료는 분노를 없애는 것을 목표로 하지 않고, 분노를 통해 부모가 하나님과 자신, 그리고 자녀와의 관계를 새롭게 바라보도록 돕는 치유의 여정이다.

3. 우울

우울과 분노는 서로 상반된 감정처럼 보이지만, 심리학적으로는 동일한 정서적 기반에서 출발한다. 두 감정 모두 이상적 기대가 현실의 괴리에서 나타나는 증상이다. 이상이 현실에서 충족되지 않을 때 부모는 상실감과 좌절감을 경험한다. 그 감정이 외부로 향하느냐 내면화되느냐에 따라 분노와 우울로 각각 나타날 수 있다.

감정이 외부로 발산될 경우, 이는 외현화된 정서 반응으로서 '분노'의 형태로 표현된다. 타인의 무지, 사회적 낙인, 제도적·교육적 한계 등 외부 요인에 과민하게 반응하며, 이는 부당함에 대한 저항이자 자기방어적 정서로 해석할 수 있다. 자기효능감 저하와 자녀보호 본능에서 기이한 감정이며, 억울함이나 좌절의 감정이 타인을 향한 비난이나 공격성으로 전환된 형태다. 이는 현실을 변화시키고 싶은 강한 욕구와 연결되어 있기도 하다.

반면 감정이 내부로 향할 경우, 이는 내면화된 정서 반응으로 '우울'로 나타난다. 표현하지 못한 감정들이 마음속 깊이 억눌려 차단되어 내면의 긴장 상태를 만든다. '울화병'이라는 표현처럼 화가 눌려 울(鬱: 답답한, 막힐)이 된 것이라고도 할 수 있다. '울화(鬱火)'는 속에서 끓어오르는 화(火)가 밖으로 나가지 못하고 안에 막혀 있는 상태이다. 이때 부모는 자녀의 문제를 자신의 책임으로 과도하게 인식하며, 자기비난, 죄책감, 자존감 저하 같은 감정 상태에 놓이게 된다. 특히 이상적 부모상과 현실 자아 간의 괴리는 인지적 왜곡을 통해 강화되며, 우울 증상을 지속시키는 심리적 요인이 된다.

부모 마음속에는 "이래야 좋은 부모다"라는 이상적인 부모의 모습이 있다. 하지만 실제의 나는 지치고, 실수도 하고, 항상 기대만큼 해내지 못한다. 이 두 모습 사이의 차이가 커질수록 마음은 더 힘들어진다. 문제는 이 간극을 바라보는 생각의 방식이다. 우울 상태에 있는 부모는 현실을 있는 그대로 보지 못하고, 생각이 한쪽으로 치우치기 쉽다. 예를 들어, 한 번 화를 냈다는 이유로 "나는 결국 좋은 부모가 아니야"라고 단정하거나, 아이의 어려움이 계속될 때 "모두 내 탓이야"라고 일반화한다. 이런 생각들은 실제 사실이라기보다, 마음이 지친 상태에서 만들어진 인지적 왜곡이다. 이러한 왜곡된 생각은 부모가 이미 잘하고 있는 부분이나 충분히 애쓰고 있는 노력은 보지 못하게 만들고, 부족한 부분만 확대해서 보게 한다. 그 결과, 이상적인 부모와 현실의 나 사이의 간격은 실제보다 더 크게 느껴지며, 부모는 스스로를 끊임없이 비난하게 된다. 이 과정이 반복될수록 우울감은 더 깊어지고 오래 지속된다.

	분노	우울
발생 원인	이상적 기대의 좌절, 욕구 불충족	
감정 방향	외부로 향함	내부로 향함
표현 방식	짜증, 공격성, 과민반응, 타인비난	무기력, 자기비난, 위축
인지적 특성	"왜 나만 이런 일을 겪어야 해?"	"내가 잘못한 걸까"
방어기제	투사, 행동화	억압, 내사

우울증은 단순히 기분이 가라앉는 문제를 넘어서, 비현실적이고 왜곡된 사고와 깊이 자리 잡은 부정적 신념에서 비롯된다고 본다. 인지행동치료의 창시자인 Aaron T. Beck은 이러한 왜곡된 사고 패턴이 우울증의 핵심이라고 설명하면서, 이를 인지 삼제라는 개념으로 정리했다.

인지 삼제는 우울한 사람이 흔히 가지는 세 가지 부정적 사고 틀을 말한다. 첫째, 자기 자신에 대한 부정적 인식으로 "나는 무가치하다" 혹은 "나는 실패자다"라는 생각이 있다. 둘째, 세상에 대한 부정적 인식은 "세상은 불공정하고, 나에게 적대적이다"와 같은 인식이고, 셋째는 미래에 대한 부정적 인식으로 "앞으로도 아무것도 나아지지 않을 것이다"라는 절망적인 전망을 포함한다. 이러한 인지 패턴은 우울감을 지속시키고, 일상 기능을 저해하는 심리적 요인이 된다.

치료적 관점에서 인지행동치료는 이러한 왜곡된 사고를 식별하고, 그것을 보다 현실적이고 균형 잡힌 방식으로 재구성하도록 돕는 데 초점을 둔다. 자동적으로 떠오르는 부정적인 생각을 글로 기록하고, 그 근거를 검토하며 반대 사고를 연습함으로써, 내면화된 부정적 신념을 점진적으로 변화시킬 수 있다.

Ⅳ. 맺음말

끝이 보이지 않는 돌봄의 시간 속에서 발달장애 자녀를 둔 부모는 수없이 흔들리고 무너질 것 같은 순간을 지나며, 그럼에도 불구하고 아이의 하루를 책임지고 삶을 이어 간다. 이는 결코 당연한 일이 아니며, 쉽게 감당할 수 있는 수고도 아니다. 그들이 감당하고 있는 육체적, 정서적, 사회적 부담은 외부에서 다 헤아리기 어려운 깊은 무게를 지닌다. 불안과 분노, 우울 속에서도 포기하지 않고 아이 곁에 남아 있는 그 자체가 이미 충분히 존중받아야 할 헌신이다.

특히 우리 사회는 아직 발달장애 자녀를 둔 부모의 현실을 깊이 이해하지 못하는 경우가 많고, 그들의 고립과 소외는 종종 간과된다. 그렇기에 이들을 위한 전문 상담과 안전한 공동체의 형성은 단순한 지원을 넘어 '필수적'인 삶의 자원으로 기능해야 한다.

발달장애 자녀를 둔 부모를 돕는 상담과 공동체의 역할은, 옳고 그름을 판단하거나 상태를 쉽게 진단해서는 안 된다. 무엇보다 필요한 것은, 해답을 제시하려 애쓰기보다 그 곁을 묵묵히 함께 걸어가는 태도이다. 부모의 감정을 교정의 대상으로 보지 않고, 그 삶의 무게를 이해하며 동행할 때 비로소 회복의 길은 열린다. 교회 공동체는 예수님께서 고통의 자리로 내려와 함께하셨듯이, 진정한 도움은 '바꾸려는 시선'이 아니라 '함께 머무는 사랑'에서 시작된다. 그 동행 속에서 발달장애 자녀를 둔 부모는 다시 숨을 쉬고, 오늘을 살아갈 힘을 회복하게 된다.

제9장

발달장애인부 캠프 기획 A–Z

—

이상록

발달장애인부서에서 캠프(**성경학교**)는 한해의 가장 크고 중요한 행사이다. 아울러 친구들이 가장 기다리고 기대하는 일이기도 하다. 이러한 발달장애인부서의 캠프(**성경학교**)는 짧은 활동 시간과 공간적 한계 때문에 제한적으로 진행되어 온 발달장애인부서의 '예배–교육(**공과**)–활동'의 제약을 넘어, 긴 시간 친구들과 함께 생활하며 집중적으로 하나님의 말씀을 학습하는 자리가 되기도 하고, 함께 생활하며 사회성과 공동체의 친밀성을 강화시키는 자리가 되기도 한다. 또한 이러한 발달장애인부서의 캠프(**성경학교**)는 발달장애인 자녀들을 양육하는 보호자들에게는 쉼과 회복의 시간이 되기도 한다.

이처럼 발달장애인부서의 가장 크고 중요한 행사 중 하나인 캠프(**성경학교**)를 기획하고 준비함에 있어서 고민해야 할 것들을 실제 캠프기획의 단계(**캠프기획의 준비 단계–프로그램 계획과 실행 단계–평가와 피드백 단계**)에 따라 구체적으로 살펴보고자 한다. 이를 통해 발달장애인부 캠프의 기획과 실행이 내실 있게 이루어질 수 있도록 점검해 보고자 한다.

I. 캠프 기획에 들어가며

1. 캠프의 '주제'는 무엇으로 할 것인가?

여름캠프를 기획하고 준비하며 가장 먼저 해야 할 일은 여름캠프 주제를 정하는 것이다. 올해 강조될 교육의 핵심 개념(중점사항)을 잘 반영하면서, 우리 친구들이 따라 하기 쉬운 용어로 전환하여, 늘 구호처럼 외울 수 있으면 좋다. 그리고 주제 성구도 익숙한 것으로 하는 것이 좋다.

일반 교회학교 부서의 경우, 대체로 교단이나 교회에서 정한 전체적인 캠프 주제를 따른다. 이와 같은 교육 주제는 수년간의 연구 결과에 따라 일련의 과정으로 구성된 '교육과정(커리큘럼)'에 따른다. 그러나 발달장애인부서의 경우, 부서의 형편과 학생들의 장애 정도와 인지 등을 고려하여 다른 주제를 설정하거나 조금씩 변형하여 실시하고 있는 것이 현실이다. 캠프의 주제를 정하는 것은 각 부서의 형편에 따라 다를 수 있겠지만, 발달장애 학생들을 위한 교육과정이 계발되지 않은 시점에서 지속적인 교육과정을 가지고자 한다면, 교단의 교육과정을 수용하여 변형하는 것도 하나의 좋은 방법이라 생각된다. 물론 교단의 교육과정이나 교육 주제를 따른다고 하더라도, 발달장애인 친구들에게 적당한 주제로 변형하여 사용하여야 한다.

2. 캠프의 핵심 활동 영역과 중점사항은 무엇인가?
– 무엇을 중점적으로 교육(활동)할 것인가?

교육 주제를 정하면서 동시에 고려해야 할 것이 이번 캠프를 통해서 배우고 경험해야 할 핵심 개념(중점사항)이 무엇인지를 결정하는 것이다. 이번 캠프를 통해 전달하고자 하고자 하는 것을(교육의 목표를) 구체화시키고, 또 세분화하는 작업이라 할 것이다. 이 핵심 개념(중점사항)이 구체적이면 구체적일수록 프로그램을 구성하기 쉬워진다. 특히 교역자를 포함한 '캠프 프로그램 기획팀'이 이를 명확하게 규정해 두어야 캠프 세부 프로그램을 구체적으로 기획하는 단계가 훨씬 쉽게 진행된다.

또한 캠프를 구성하는 주요 프로그램 영역들에서 이번 캠프 주제에 따른 핵심 개념을 단어나 문장으로 정리해 보는 것도 '주제에 따른 중점사항을 도출'하는 좋은 방법이다. 대체로 캠프의 프로그램은 크게 4가지 핵심 활동영역으로 나눠서 생각해 볼 수 있다. 첫째는 예배, 둘째는 성서학습, 셋째는 학습활동(학습센터 등 주제에 따른 학습활동), 넷째는 공동체 활동영역이다. 각 영역별로 주제에 따른 핵심 개념들을 정하고, 각 영역에 관련된 세부 프로그램을 구성해 보고, 이 프로그램에서 강조해야 할 내용들을 정리해 보면 전체적인 캠프 프로그램의 밑그림을 그릴 수 있게 된다.

3. 캠프 프로그램을 기획할 때 할 때 고려해야 할 사항들은 무엇인가?

1) 누가 참여하는가? (사람)

효과적인 캠프를 기획하기 위해서는 캠프에 참가하는 사람들은 누구인지? 그리고 진행하는 사람들은 누구인지? 또 이들의 성향과 욕구, 그리고 이들의 특성에 따라 각기 다르게 준비하거나 고려해야 할 점이 무엇인지를 미리 파악하고 있어야 한다. 아울러서 그에 따른 구분과 교사들의 역할 분담이 명확해야 자연스럽게 프로그램이 기획되고 진행될 수 있다. 캠프에 참여하는 발달장애인들의 특성에 따라 프로그램에서 고려해야 할 사항들을 살펴보면 다음의 표와 같다.

「표1」 캠프 참가자 특성에 따라 프로그램에서 고려해야 할 사항들

구분	세분화 구분항목	고려해야 할 사항들
참가 학생	장애의 구분과 장애 정도	* 장애의 종류가 다른 점이 프로그램에 크게 영향을 미치는가? * 장애정도(인지, 일상생활 등등)에 따라 구분해야 할 프로그램인가?
	성	* 성에 관련하여 민감한 프로그램인가?
	생활연령	* 생활연령에 따라 구분되어야 할 프로그램인가? (모듬의 구분이나 프로그램 적용시에는 생활연령의 구분이 이루어지는 것이 바람직하다)
교사 (봉사자)	교역자와 임원	* 전체적인 진행을 위해 기획하고 준비하는 인원은 몇 명인가? * 역할분담이 명확한가?
	스텝 교사	* 프로그램을 실제적으로 진행하기에 부족하지 않는 인원인가? * 프로그램에 대한 이해와 준비가 가능한 인력인가?
	담임 교사	* 학생들에 대한 전체적인 이해와 프로그램에 대한 이해가 있는 인물인가? * 모둠(혹은 반)에 속한 교사들과 학생들을 이끌 리더십이 있는 인물인가? * 모둠이나 반을 얼마의 크기로 구성할 것인가?
	보조 교사	* 학생들에 대한 전체적인 이해와 프로그램에 대한 이해가 있는 인물인가?
	봉사자(성인)	* 각 모둠(반)에 어느 정도의 봉사자가 필요한가?
	봉사자(학생)	* 학생봉사자(또래봉사자)의 역할이 많이 요구되는가?

2) 언제 하는가?(시기와 시간)

캠프의 시기와 기간을 결정하는 것에도 여러 가지 고려해야 할 것이 있다. 특히 캠프참가자들이 참여 가능한 시기와 기간을 잘 고려하여 결정해야 한다. 학생 참가자들의 경우, 방학 기간을 고려해

야 한다. 아울러 학생들이 주로 참가하고 있는 복지관이나 학교 등의 프로그램과 행사와 겹치지 않도록 미리 주의해야 한다. 또한 참가하는 교사와 봉사자들의 경우에도 참여가 용이한 시간과 기간을 배려해야 한다. 캠프 프로그램 시간의 배치에 있어서도 언제, 어느 정도의 시간으로 프로그램을 구성할 것인지를 미리 염두 해 두어야 한다. 아울러 선택한 프로그램의 의도를 가장 극대화 할 수 있는 시간에 배치하여 진행해야 한다.[4]

3) 어디서 하는가?(장소)

발달장애인부서의 캠프를 준비하며 가장 많이 고민하는 것 가운데 하나가 '캠프 장소'인 것 같다. 우선 교회 내에서 캠프(성경학교) 프로그램을 진행할 것인지? 혹은 교회가 아닌 다른 캠프장에서 프로그램을 진행할 것인지?가 우선적으로 결정되어야 한다.[5] 일단 외부의 캠프장에서 캠프를 진행하기로 결정했다면, 다음의 사항을 고려하여 캠프 장소를 선택하고, 캠프장의 상황에 따라 프로그램을 결정해야 한다.(혹은 다음의 내용들이 담보될 수 있도록 캠프장 및 프로그램 환경을 조성하도록 노력해야 한다.)

첫째, 우선 안전성을 고려하여 캠프 장소를 결정해야 한다. 그리

---

4) 예를들어 창동염광교회 사랑부의 경우, 어떤 한 해의 여름캠프를 '가족과 함께 하는 사랑과 섬김의 캠프'로 기획하여 준비했는데, 부모님들과 가족들이 적극적으로 참여할 수 있는 시간대와 장소(저녁시간 / 교회)를 고려하여 프로그램을 구성하였다.
5) 여기에서는 캠프활동을 교회가 아닌 외부 캠프장에서 진행하는 것을 기본으로 하여 내용을 구성하였다.

고 장소가 결정되면, 장소의 상황에 따라 안전성의 확보될 수 있는 프로그램을 기획하여야 한다.

둘째, 기획된 프로그램을 수행하기 적합한 곳인지의 프로그램 적합성을 살펴 장소를 결정해야 한다[6]. 예를 들어 "체험행사" 및 "물놀이"가 포함된 행사를 기획했다면, 그에 따른 물놀이 시설과 공간이 있는지를 살펴야 한다. 아울러 캠프장 주변에 기획한 프로그램을 수행할 장소가 있는지도 살펴야 한다(예: 프로그램 활동공간, 그늘, 방해물 등). 그렇지 못할 경우, 추가 비용이나 불편함을 감수해야 하며(이동비, 이용료 등), 장소에 따른 프로그램 변경도 불가피하다.

셋째, 교회에서의 거리를 살펴야 한다. 장거리 이동이 힘든 친구들도 다수 포함되어 있기 때문에, 교회에서 멀지 않은 곳을 구하는 것이 좋다(교회에서 1-2시간 내외 거리).

넷째, 발달장애인부 캠프의 경우, 많은 장애학생들이 이동해야 하는 곳이기 때문에 건물 및 주변 환경으로의 이동성(동선)과 접근성이 보장되어야 한다. 아울러 프로그램 기획할 때에도 이러한 이동(동선)과 접근성이 고려되어야 한다.

다섯째, 충분한 휴식과 편의를 제공할 수 있는 편의시설이 있는지를 확인하고 장소를 정해야 한다. 예를 들어 에어콘이나 화장실, 세면기 등의 편의시설이 확보되어 있어야 안정적으로 캠프를 진행할 수 있다.

---

6) 물론 캠프장소를 결정하는 것은 보통 연초(1-3월)이기에 캠프 프로그램이 정확하게 기획되지 않은 경우가 대부분이다. 따라서 일반적으로 활동했던 프로그램을 기준으로 캠프장을 살펴보는 것이 적당할 것이다.

여섯째, 캠프에 참가한 참가자들의 규모와 캠프장의 규모가 적당한지를 살펴서 캠프장을 결정해야 한다. 아울러 캠프장의 규모에 따라 프로그램을 만들어야 한다.

4) 어떻게 진행할 것인가?(진행방법)

캠프의 다양한 프로그램을 기획할 때 어떤 식의 진행방법을 사용하게 될지에 대해서 미리 결정해야 한다. 이를 결정하기 위해서 우선 목표 달성을 위해 적합한 방법인지를 살펴야 한다. 예를 들어 부서의 공동체성을 강조하는 프로그램에 경쟁적인 점수제를 도입한 방식으로 진행한다면, "부서의 공동체성 형성"이라는 목표에 적합하지 않은 진행 방법이 될 것이다.

프로그램의 참가자의 단위(규모)를 고려하여 진행 방법을 결정해야 한다. 프로그램 실행에 있어 참가자들의 단위(규모)에 따라 진행 방법이 달라질 수 있기 때문이다. 프로그램 진행의 단위가 대그룹인지, 중그룹인지, 소그룹인지, 1:1인지 규모를 살펴보아 진행 방법을 결정해야 한다.

다음으로 참가자들에게 익숙한 방식인지를 살펴야 한다. 캠프 참가자들(진행자와 학생들 및 교사들)에게 익숙한 방식을 사용한다면, 그만큼 프로그램에 익숙하게 참여할 수 있기 때문이다. 전혀 새로운 진행 방식이라면, 더 많은 준비와 프로그램 진행에 대한 설명이 필요할 것이다. 따라서 진행과 활동의 집중도가 떨어질 수 있음을 고려해야 한다. 아울러서 진행하면서 유의해야 할 점들을 꼼꼼하게 따져볼 필요가 있다.

5) 어느 정도의 예산으로 기획할 것인가? (비용)

부서의 예산은 어느 정도인가? 캠프에 사용될 전체 예산은 어느 정도인가?를 꼼꼼하게 따져야 한다. 이를 통해서 학생들의 참가비 등이 결정될 것이다. 학생참가비가 많은 부담을 줄 경우, 비용 부담으로 참가에 어려운 학생들이 발생하지 않도록 적정한 수준으로 결정해야 한다. 아울러 부족한 예산확보 방법으로 다양한 모금 활동을 할 수도 있다.

II. 캠프 프로그램의 기획과 실행

1. 프로그램 기획 및 프로그램 진행을 위한 조직 구성

1) 캠프 프로그램 기획팀 구성

발달장애인부서 임원단이 캠프의 일정과 장소를 결정하면, 본격적으로 캠프 준비와 진행을 위해 임원들을 포함한 '캠프 프로그램 기획팀'을 구성한다. '캠프 프로그램 기획팀'의 경우, 부서의 현실상 대부분 4월 부활절 및 장애인 주일 행사를 끝내고 난 후 본격적으로 캠프를 준비할 수 있기에, 4월 말이나 5월 중 구성하는 것이 일반적이다(물론 7월이 캠프인 경우 좀 더 일찍 구성할 수도 있고, 8월이 캠프일 경우 구성이 조금 늦을 수도 있다). 또한 6월-7월 사이, 캠프 진행을 준비하는 시기에는 '캠프 진행을 위한 조직'을 구성한다.

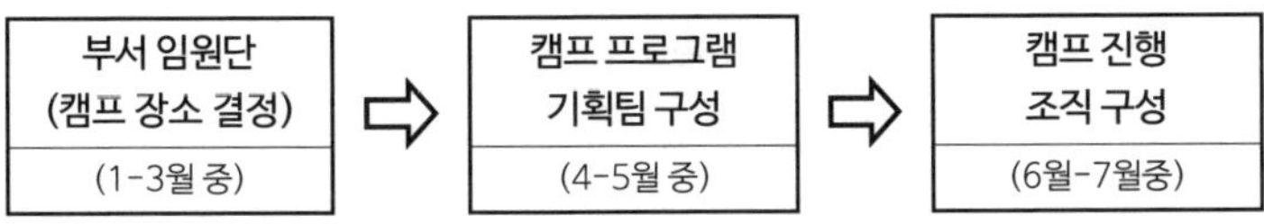

'캠프 프로그램 기획팀'은 캠프의 주제와 4가지 핵심 활동 영역별 핵심 개념(중점사항)을 정리하고, 캠프 주제와 캠프의 핵심 개념(중점사항)을 실천할 수 있는 프로그램들에 대해서 논의하고, 전체적인 캠프 프로그램의 방향과 목표에 따른 구체적인 활동 프로그램을 결정한다. 이때, '캠프 프로그램 기획팀'은 발달장애인선교연합회나 기타 장애인 사역 기관의 【여름캠프 강습회(혹은 세미나)】 참석하여 도움을 받을 수 있다.

2) 캠프 진행조직 구성

캠프 프로그램 기획과 맞물려, 캠프의 진행 및 운영을 위한 '캠프 진행조직'을 구성한다. '캠프 진행조직'은 크게 3개의 파트(역할)로 구성해 볼 수 있다. 첫 번째는 전체 캠프를 운영하는 파트로서 임원들을 중심으로 전체 캠프를 운영하고 지원하는 조직이다. 두번째는 프로그램을 진행하는 파트로서 찬양과 프로그램의 준비와 진행을 담당하는 조직이다. 세번째는 친구들의 생활을 지원하는 파트로 개별적인 활동지원과 생활지원을 담당하는 조직이다. 이러한 '캠프 진행을 위한 조직 구성'의 예를 보면 다음의 「표3」과 같다.

「표3」 캠프 진행을 위한 조직 구성(창동염광교회 장년사랑마을)의 예[7]

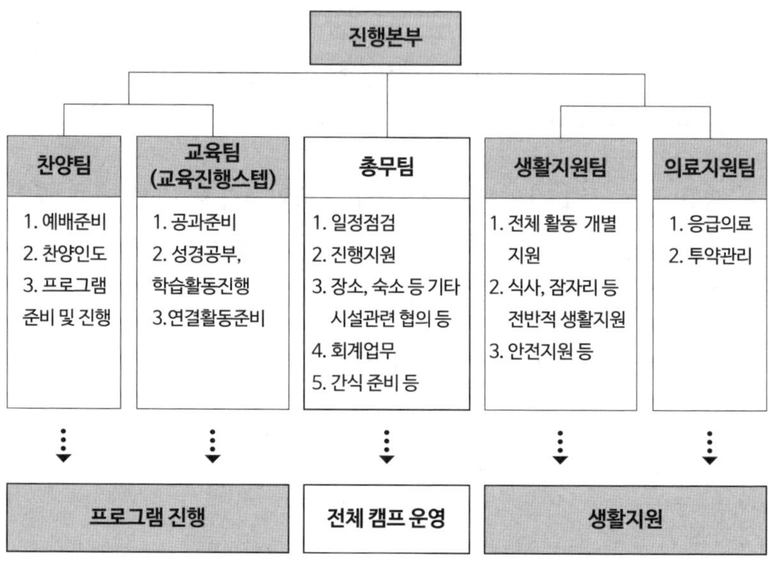

※ [참고] 생활지원팀 교사 및 자원봉사자의 배치: 전체 캠프 진행 스텝외의 교사들을 구분하여 각 모듬별로(장애정도, 장애구분, 성, 연령을 고려하여 적절한 규모로 구성한 모듬) 배치한다. 여기에서는 한 모듬에 속한 장애 학생을 4~8명 정도로 보고 모듬별로 봉사자들을 어떻게 배분할 것인지를 살펴보면 다음과 같다.

「표4」 캠프 생활지원팀의 조직 구성의 예(창동염광교회 장년사랑마을)

구분	역할	적정인원
담임 교사	* 전체적인 모듬인솔(학생, 봉사자) * 모둠원의 전반적인 생활관리 * 프로그램 참가시 대표	1명
보조 교사	* 담임교사를 도와 인솔을 도움(담임교사가 없을때 모둠 인솔) * 어려운 행동(도전적 행동) 발생시 대처 및 응급상황시 대처	2명
봉사자 (성인)	* 학생 담당(생활도우미) * 1:1 담당을 맡을 수 있음 * 담임교사가 지시하는 사항 수행	2~3명
봉사자 (학생)	* 학생 담당(생활도우미/또래교사로) * 담임교사가 지시하는 사항 수행	2~3명

7) 각 팀별로 역할을 분담하고, 역할들을 구분하여 담당할 임원들을 배치한다.

2. 캠프 세부 프로그램 진행계획 수립

앞서 살펴보았듯이 캠프의 프로그램은 크게 4가지 핵심 활동영역('예배', '성서학습', '학습활동', '공동체 활동')으로 구분할 수 있다. 이와 같은 캠프의 핵심 활동 영역별 중점사항을 정리한 예시를 살펴보면, 다음의 표와 같다.

「표5」 2024년 창동염광교회 사랑마을 여름캠프 영역별 주요 프로그램 얼개 구성[8]

프로그램 영역	핵심개념 (중점사항)	관련 프로그램	프로그램의 핵심 활동
예배[9]	찬양과 경배 (변화와 새로움)	찬양과 율동	*주제찬양과 율동
		여는 예배	*주제설교 *[캠프 입장식]
		저녁 예배1 (첫째날)	*주제설교 *[촛불과 기도의 밤]
		저녁 예배2 (둘째날)	*주제설교 *[세족과 축복의 밤]
		새다짐 예배	*주제설교 *[결단의 손도장]
성서 학습	말씀과 양육	성서학습 1	*공과주제에 따른 공과 활동 및 학습활동
		성서학습 2	
학습 활동	**주제활동** ('고백'-'씻음'-'새로운 존재')	주제 학습센터	***우리는 새로운 존재!!** (사죄의 세수식&새로운 존재들과 함께하는 공동체 애찬식)
	체험활동 (신나고 즐겁게)	체험 학습센터	***염광 워터파크**[물놀이 체험센터] (흙놀이와 물놀이를 즐겁게 체험할 수 있는 체험놀이 학습센터)
공동체 활동	**하나됨의 공동체 1** (환영과 환대, 친밀함)	공동체 훈련	***반갑다 친구야!!** 캠프 첫날, 친구들과 하나됨을 위한 공동체훈련의 시간 (미니올림픽, 심리운동등의 프로그램 등)
	하나됨의 공동체 2 (환대와 섬김)	공동체 식사	***삼삼오오 겹겹이 함께 살기좋은 공동체 만들기 파티**: 캠프 첫날, 모든 공동체 가족들이 함께하는 삼.겹.살 밥상공동체
	하나됨의 공동체 3 (존귀함으로 세움)	축복의 캠프파이어	***축복의 통로**: 캠프 마지막 밤, 마음껏 친구들을 축복하는 시간 (캠프파이어-」장기자랑으로)

---

8) 주요 프로그램 세부 진행계획(안)은 별첨자료 참조

9) 우리 친구들의 눈높이에 맞는 깊은 예배의 자리, 행복한 예배의 자리를 경험하게 한다.

이와 같이 4가지 핵심 활동 영역별로 주요한 프로그램의 얼개가 구성되면, 각각의 세부 프로그램을 계획하게 된다. 이와 같이 세부 프로그램을 계획할 때, 우리가 다시 한번 점검해야 할 질문들을 살펴보면 다음과 같다.

- 이번 캠프 주제와 목표에 부합하는 프로그램인가?
- 학생들의 장애구분과 장애정도에 맞는 프로그램인가?
- 학생들의 생활연령에 맞는 프로그램인가?
- 학생들이 신체적으로 감당할 만한 프로그램인가?
- 안전을 고려한 프로그램인가?
- 학생들의 적극적인 참가를 기대할 수 있는 시간이 고려된 프로그램인가?
- 캠프장의 시설과 환경들에 적합한 프로그램인가?
- 기온과 날씨 등에 대한 융통성이 있는 프로그램인가?(날씨로 인한 어려움 발생시 어떻게 프로그램을 대체할 것인가?)
- 캠프 예산 규모를 고려한 프로그램인가?
- 준비할 인적자원을 고려한 프로그램인가?

3. 캠프 참여자 모집 및 교육

1) 캠프 홍보 및 등록접수

- 여름 캠프 안내문 발송(안내문, 참가신청서, 개인정보 수집 및 활용동의서 등)
- 친구들과 교사들의 캠프 참여 의향 조사 (전화심방, 부모확인 등)
- 전화 심방 및 부모회 모임 시간을 통한 홍보 및 등록 안내
- 캠프 전, 주일까지 신청 접수·등록

2) 보조교사 및 자원봉사자의 모집 및 교육

■ **보조 교사 및 자원봉사자의 모집**: 대체로 담당 교사의 참석이 어려운 경우가 발생하여 교사가 부족한 경우가 많이 발생한다. 따라서 캠프에 함께할 교사와 자원봉사자를 모집하게 되는데, 성인봉사자와 청년 및 청소년 봉사자의 모집전략이 달라야 한다. 특히 청소년의 경우 학교와 지역사회 자원봉사센터 등과 연계하여 자원봉사 점수를 인증받을 수 있는 전략을 세울 수 있다.

■ **자원봉사자 교육**:

- 캠프 봉사자학교: 성인 및 기존 교사 재교육
- 청소년 대상 모집 및 교육: 방학 후 단기간의 교육 프로그램

3) 준비기도회 및 최종 리허설(교육)

■ **준비기도회 및 릴레이 금식기도회**(2주전)

■ **여름캠프 리허설**(프로그램 담당팀을 중심으로): 여름캠프에 참가하는 교사들과 봉사자들이 여름캠프의 전체적인 프로그램을 익힐 수 있도록 전체적인 오리엔테이션을 하는 시간이다. 프로그램 담당팀은 리허설을 통하여 프로그램을 세부적으로 점검해 볼 수 있다. 아울러 캠프시 함께하게될 친구를을 소개하고 이해하는 시간이 될수있다.

4. 캠프 프로그램의 실행

1) 캠프 전 프로그램 실시: 캠프에 대한 관심과 학생 및 교사들

이 캠프 참여 분위기를 만들기위해 1~2주 전에 캠프 전 프로그램을 실시한다. 캠프 찬양배우기, 주제 구호외치기, 지난해 캠프영상보기, 캠프전 주제관련 공동걸개그림 그리기 등의 활동들을 통하여 홍보와 함께 캠프를 위해 기도할 수 있는 시간을 가진다.

캠프전 주제관련 공동걸개그림 그리기

행사장에 주제관련 공동걸개그림 붙이기

2) **캠프 프로그램의 시행**[10] : 준비된 프로그램이 하나님의 뜻안에서 멋지게 실행되도록 기도하며 실행한다. 구체적인 세부계획안에 따라서 프로그램이 진행될 수 있도록 한다. 아울러 생활과 프로그램 진행 등에 있어서 역할분담과 원할한 진행이 요구된다.

3) **캠프 후속 프로그램**: 캠프가 끝난후 캠프의 의미를 정리할 수 있는 기획된 프로그램을 통하여 잘 마무리 할 수 있도록 한다. 캠프 포토제닉, 영상, 캠프 주제 관련 찬양대회나 제목암송등의 여러 가지 프로그램을 생각해 볼 수 있다.

---

10) 구체적인 캠프 프로그램에 관한 것은 첨부된 자료를 참조.

III. 캠프 평가와 평가보고서

캠프 후 전체적인 참가자들의 반응을 포함하여 전체적인 캠프 준비와 활동에 대하여 평가하는 시간을 가진다. 아울러 통계 및 기록자료, 프로그램의 세부 평가 및 다음 프로그램 기획을 위한 제안까지 포함하여 캠프 평가보고서를 작성하도록 한다.

참고사항

켐프 참여자 배치표[11] 작성 예(이동 및 숙소배정 포함)

| 반 | no | 학생[12] | | 교사 | | | 숙소[13] | 차량[14] | 투약지도[15] | 특이사항[16] |
		이름 (전화)	성	담임	부담임 (보조교사)	담당교사[17] (1:1 교사)				
사 랑 반	1		남	1명	1명					
	2									
	3									
	4									
	5		여		1명					
	6									
	7									
	8									

---

11) 학생배치 현황표는 맡고 있는 학생들과 교사들을 한눈에 볼 수 있도록 편집되어 있어서 항상 담임교사와 보조교사가 가지고 있어야 한다. 학생배치 현황표와 아울러서 캠프 일정표를 양면에 코팅하여 가지고 있으면 휴대와 보관이 편리하다.

12) 학생의 구분은 장애정도, 장애구분, 성, 생활연령을 구분하여 적당한 단위로 구성하는 것이 좋다. 특별히 중증장애인의 경우 일반 모둠보다 인원을 적게 구성하고, 1:1교사등을 확보하도록 해야한다. 전체적으로 크게 중증장애인 그룹과 경증장애인 그룹, 그리고 중증장애인 그룹안에서 몇 개의 모둠과 경증장애인 그룹에서 아동(저학년), 아동(고학년), 중등학생, 고등학생, 청장년의 5개 그룹으로 나눌 수 있다. 각 그룹안에서 학생들의 숫자에 따라 모둠을 구성할 수 있다. 아동 저학년 그룹의 경우는 중증장애인과 마찬가지로 일반 모둠보다 작은 숫자로 한 모둠을 구성하는 것이 바람직하다. 또한 학생 명단에 부모님의 전화번호를 적어두어서 학생들과 관련하여 항상 부모님들과 통화하도록 해야 한다.(예, 출발시, 도착시, 기타 문의사항이 있을때 등)

우리는 새로운 존재

- 사죄의 세수식 & 새로운 존재들과 함께하는 공동체 애찬식 -

거룩하신 하나님 앞에서 더러워진 죄의 신발을 벗고 하나님 앞으로 나아갔던 모세처럼, 우리도 십자가 은혜로 죄사함을 받은 사람으로, 하나님의 축복의 사람으로, 은혜의 사람으로 살아가야 한다. 친구들이 이러한 모습을 실제적으로 경험하며, 그 은혜를 체험하는 의식으로 사죄의 세수식과 축복의 애찬식을 가지고자 한다.

I. 사죄의 세수식

- 네 발에서 신을 벗으라(출 3:5) -

#1. [죄의고백]

[우리의 더러워진 죄의 신발을 벗고 우리의 죄를 고백하며 거룩하신 하나님 앞으로 나아갑니다]

---

13) 숙소의 경우 가장 접근성과 편의성이 확보되는 곳을 가장 몸이 불편한 친구들을 중심으로 배치하여야 한다. 아울러 추락이나 사고의 위험이 없는지, 어려운 행동(도전적 행동)과 관련하여 꼼꼼히 따져서 숙소를 배치하여야 한다.

14) 차량의 경우 아주 문제가 되지 않는다면 한 모둠이나 그룹이 하나의 차량을 타고 움직이는 것이 좋다. 중증장애인의 경우 본인의 휠체어가 다른 차량으로 가지 않도록 주의할 것~!!

15) 학생들이 먹어야 하는 약의 종류와 양 등을 정확하게 파악하여야 한다. 아울러서 분명한 투약지도가 필요하다. 그렇지 않을 경우 다양한 여려운 행동(도전적 행동)에 직면할 수 있다.

16) 여러 가지 생활에 필요한 특이사항을 기록한 기록지를 배포하고, 부모님들을 통하여 자세한 사항을 파악하고 있어야 한다.

17) 봉사자는 1:1 담임을 맡은 경우에만 표시하고 나머지 봉사자들의 경우 담임교사가 상황을 고려하여 적절하게 역할을 배분한다.

죄의 고백 손도장찍기(진행자 1명, 스텝 2-3명, 모둠담당 인솔자들 진행도움)

① 진행:

- 준비된 물감으로 손에 묻힌다(잘 지워지는 물감을 사용한다)

- 인도자의 인도에 따라 "미움", "다툼", "시기", "질투", "거짓말", "짜증" 등 우리의 죄의 모습이 적힌 큰 전지에 자신의 손도장을 찍는다.

- 인도자의 인도를 따라 다음 [#2. 세수식] 장으로 이동한다.

② **준비물**: 물감(잘 지워지는 물감), 세수대야, 큰 전지 혹은 현수막(자신의 죄된 모습이 적혀있는)

③ 소요시간: 20분

#2. [세수식]

[죄악의 광야 길을 건너, 십자가의 은혜로 우리를 사랑하시는 주님 앞으로 나아갑니다.]

① 진행:

- 세수식장으로 들어오면 반주와 찬양팀 "보혈을 지나 하나님 품으로" 찬양을 부르며 십자가의 길로 안내

- LED 초로 만든 십자가길로 입장 진행

- 십자가 길의 끝에서 자신의 죄를 고백하며 손에 묻혔던 물감을 깨끗하게 씻어줌(교역자와 임원을 중심으로 한명씩 정성스레 씻어주고, 수건으로 닦아줍니다)

- "예수님께서 당신의 모든 죄를 십자가 은혜로 씻어 주셨습니다" 인사하며, 십자가 목걸이를 걸어준다.

② 준비물: 세수대야, 물(계속적으로 교체), 수건, 십자가 목걸이

③ 소요시간: 20분

#3. 평화의 인사

- 마무리 즈음 / 사랑의 주님이 반주로 전환(함께 찬양: 사랑의 주님이 + 평화 평화로다 찬양)

- 평화의 인사를 함께 나눕니다.

II. 기도와 말씀의 잔치

- 이전 것은 지나갔으니 보라 새 것이 되었도다(고후 5:17) -

#4. 감사의 기도

- 공동체 기도문 작성(몇명의 모듬 대표가 감사의 기도 낭독)

(감사의 고백 부분에 찬양팀 마이크로 "감사합니다"...고백 함께 할 수 있도록)

#5. 말씀: 새로운 존재 - "보라 새 것이 되었도다"(담당교역자)

III. 축복의 공동체 애찬식

-하늘 양식을 비같이 내리리니^(출 16:4) -

#6. 공동체 애찬

- 애찬 선언

- 애찬 나눔(부장님과 교역자가 한명 한명의 친구들과 교사들에게 축복의 기도와 함께 포도쥬스에 빵을 적셔 먹여 줍니다)

#7. 애찬 감사의 고백 - 친구들, 교사, 봉사자 중 고백

#8. 축복의 찬양, 축복의 나눔(당신은 사랑받기 위해 태어난 사람, 축복의 통로)

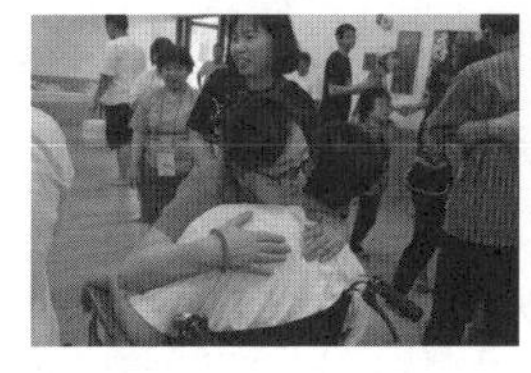  

#9. 축도

반갑다 친구야

- 공동체 미니 올림픽 -

캠프 첫날, 함께 공동체생활을 시작하며 한 마음으로 하나 되는 시간이 되고자 한다. 새롭게 모둠이 된 동료(친구)들을 알아가고, 친해지는 시간을 가지는 것을 목표로 재미있는 미니 올림픽을 통해 공동체 훈련의 시간을 가진다.

1. 미니 올림픽 입장식

[활동진행]

① 진행

- 전체를 4개의 모둠정도로 나누고, 모둠별로 대표를 선정하고, 모둠이름, 모둠구호 등을 정한다.

- 모둠 대표들의 간단한 게임이나 선택을 통해서 정해진 분장상자(가발, 각종 의류, 분장 소품등을 담아놓은 시크릿상자)를 고른다.

- 친구들과 선생님들이 힘을 합하여 최고로 멋있게 꾸민다.

- 모둠원들의 분장이 끝나면, 준비된 런웨이를 질주한다(런웨이 끝에서 기념사진을 찍으며, "모둠구호, 수련회 주제"등을 외친다)

- 모둠별로 함께 기념사진 & 전체 입장후 기념사진

② **준비물**: 분장상자(가발, 각종의류, 분장소품 등이 든 상자), 런웨이(뽁뽁이

& 돗자리등을 이용한 런웨이 만들기), 경쾌한 음악

③ 소요시간: 20분

2. [게임1] 후크 볼 야구

[활동진행]

① 진행

- 각 모둠별로 대표선수 5명을 선정한다.

- 선수 1명당 3개의 공을 다른 모둠의 대표선수들과 번갈아가며 던진다.[약 3m 내외의 거리에서 던지기]

- 모둠별 선수들의 점수를 합하여 승부를 결정한다(동점이 경우, 한 번떠 투구))

② 준비물: 후크볼, 후크볼 과녁, 점수판, 경쾌한 음악 등

③ 소요시간: 20분

3. [게임2] 킨 볼 이어달리기

[활동진행]

① 진행

- 2개의 모둠씩 이어달리기 할 수 있도록, 모둠별로 2명씩 짝짓게 한다.

- 출발점에 모둠원들이 2인 1조로 줄을 지어 서고, 2인 1조가 되어 킨볼을 굴리며 반환점을 돌아온다. [다음 선수들에게 킨볼을 인계한다]
- 2인1조로 구성된 모둠원들이 반환점을 모두 돌고 오면 게임이 종료되는 것으로 한다. (먼저 들어온 팀이 이기는 경기)
② 준비물: 대형 킨볼 2개. 반환점(라바콘 등), 경쾌한 음악 등
③ 소요시간: 20분

※ 킨 볼을 이용하여 다양한 형태의 이어달리기 혹은 응용 게임을 진행할 수 있음

4. [게임3] 낙하산 배구

[활동진행]

① 진행

- 각 모둠별로 10명씩의 대표선수들을 선발한다.
- 10명의 선수들이 낙하산을 붙잡고, 낙하산 위에 20개의 풍선을 올린다.

- 정해진 시간(1분~2분) 안에 힘을 합하여 낙하산을 아래위로 펴
  서, 얼마나 많은 풍선을 바닥으로 떨어지게 하는가를 게임을
  한다. (각 팀별로 번갈아가며 풍선을 떨어뜨려 그 숫자로 승패를 가린다)
  ② 준비물: 대형낙하산 1개. 풍선(혹은 짐볼 등), 경쾌한 음악 등
  ③ 소요시간: 20분

5. [게임4] 막판 쟁반 뒤집기

[활동진행]

① 진행
- 2개의 모둠씩 모든 모둠원들이
  정해진 경기장 안으로 함께 모인
  다(선이나, 원으로 경기장 표시).
- 각 모둠별로 모듬 색을 정한다.
- 양면으로 된 색 쟁반 혹은 색 판(200개)을 경기장 안에 같은 숫
  자대로 흩고 뒤집기 경기를 한다.
- 정해진 시간까지 각 모둠원들이 자기 모둠의 색으로 뒤집기
  게임을 하고, 시간 종료 후 많이 남은 색의 팀이 승리한다.
② 준비물: 양면 색 쟁반(혹은 색 판) 200개. 경쾌한 음악 등
③ 소요시간: 20분

6. 시상식 & 간식

염광 워터파크!!(물놀이 체험학습센터)

프로그램명	프로그램 개요	시간	비고(준비물)
준비운동	**준비운동**(국민체조, 꼭지점 댄스 등)	15분	음악
물총놀이	**물총놀이를 통해서 친구들과 즐겁게** (대나무 물총 만들기 프로그램 후 물총놀이를 진행해도 좋다)	20분	물총(대나무물총), 흥겨운 음악 등
미꾸라지 잡기	**미꾸라지(혹은 송사리) 잡기놀이** (개천이나 풀을 이용해서 친구들과 물고기 잡기 놀이: 정해진 시간안에 물고기 잡기 등)	20분	미꾸라지(혹은 송사리), 대야 등
간식	간식	20분	간식
물놀이 1 (자유물놀이)	**안전한 풀에서 친구들과 물놀이** (수영, 튜브타기, 물싸움 등 자유롭게 물놀이 하기 → 안전요원 꼭 배치)	20분	튜브, 경쾌한 음악
물놀이 2 (물미끄럼틀)	물미끄럼틀(진흙 미끄럼틀) (샤워커튼 등으로 경사진 곳에 물 미끄럼틀을 설치(진흙등을 놓아도 좋다) → 계속해서 미끄 럼틀에 물을 부으며, 친구들과 함께 물미끄럼틀 놀이 → 안전요원 꼭 배치)		비닐(샤워커튼 등), 진흙, 수도에 연결된 호스 등
비누방울& 물풍선 놀이	**비누방울 놀이 & 물풍선 던지기놀이** (선생님들이 비누방울놀이 시범을 보여준다 → 친구들이 직접 비누방울 놀이 → 친구들과 물풍 선 던지기 놀이 등)	20분	비누방울, 물풍선 등
정리	마무리 기도 및 정리	5분	

제10장

발달장애인의 영적 재활 : 말씀 암송

최대열 · 김병철

I. 서언 : 말씀 암송

말씀은 기독교 신앙의 기본 토대이며 내용이다. 예수 그리스도의 복음이 말씀이고, 그분 자신이 곧 말씀이다. 말씀을 들음에서 믿음이 생겨나고, 말씀을 받아들임으로 구원을 받고, 말씀을 지킴으로 신앙이 성장하고, 말씀에 순종함으로 복의 길, 의의 길을 걸어가게 된다. 믿음이란 단순하게 말하면 하나님의 말씀에 순종하는 것이다. 역으로 말씀에 불순종하는 것이 죄이다.

그런데 발달장애인에게 말씀을 전하고, 가르치고, 익히게 하기란 결코 쉬운 일이 아니다. 말씀을 이해하고 자신의 삶에서 실천하기란 장애인이나 비장애인이나 모두 쉽지 않은데, 인지와 의사소통에 장애를 가지고 있는 발달장애인에게는 더더욱 쉬운 일이 아니다. 그럼에도 사람을 구원에 이르게 하고, 바른 신앙으로 살게 하는 것이 말씀인 것은 분명하다.

말씀이 구원의 확신 가운데 거하게 하고, 말씀이 하나님이 기뻐하시는 길을 걸어가게 하고, 말씀이 하나님의 일에 참여하게 한다. 말씀이 악한 마귀를 대적하는 무기이며, 세상을 이기는 능력이며, 하나님의 일을 감당하는 지침이 된다. 그러므로 말씀을 가르치는 것이 무엇보다 중요하다. 말씀에 관해서는 성경읽기, 성경쓰기, 성경공부, 성경암송, 성경빙고, 성경그리기, 성경연극 등 여러 가지 방법들이 있다. 그런데 여기서는 특별히 성경암송을 소개하고자 한다. 성경암송이 쉽지 않지만, 일단 암송하여 그 말씀을 입술에 달고 살기 시작하면, 그 말씀이 우리의 마음과 생각, 언어와 생활을 다스려 주시고, 우리의 앞날을 이끌어 주신다. 장애인은 영적으로 재활하여야 진정한 재활을 할 수 있다. 영적 재활을 가능케 하는 씨앗이자 동력이 바로 말씀이다. 영적 재활은 오직 말씀에 기초하고, 말씀으로부터 출발한다. 영적 재활은 자신의 일상생활에서의 재활을 넘어서, 나아가 복음과 하나님 나라의 일꾼으로 살아가는 데 있다.

여기서는 두 개의 프로그램을 소개한다. 먼저, 양재 온누리교회 사랑부에서 진행하고 있는 말씀 암송을 소개한다. 가사는 성경 말씀 그대로이고, 기획과 진행은 김병철 목사님, 작곡은 온누리교회

이진혜 선생님이 해주셨다. 다음으로 한국사회복지정책연구원에서 개발한 IMP 성경공부 교재로 하는 말씀 암송을 소개한다. 한국말은 물론 영어로도 반복하여 자신의 신앙으로 고백하게 한다. 여기서는 두 프로그램에서 같은 성경본문을 예시로 발췌하여 실었다 (창 1:1, 고후 5:17). 귀한 자료를 흔쾌히, 기꺼이 제공해 주신 양재 온누리교회 사랑부(김병철 목사, 이진혜 교사)와 한국사회복지정책연구원(김종인 원장)에 깊이 감사드린다.

II. 양재 온누리교회의 매월 말씀 암송

1. 신학적 및 성경적 근거

1) 말씀의 내면화 : 신명기 6:6-7을 근거로 말씀을 마음에 새기고 자녀에게 부지런히 가르쳐 일상에서 반복하게 한다.

2) 신체적 표현의 정당성 : 시편 150:4(춤추며 찬양)와 느헤미야 8:6(손을 들고 몸을 굽혀 경배)을 통해 몸의 움직임을 동반한 예배의 성경적 근거를 제시한다.

3) 전인적 교육 : 누가복음 10:27에 근거하여 마음(암송), 목숨(열정), 힘(몸), 뜻(의지)을 다해 하나님을 사랑하는 '전인적 말씀 교육' 방식을 취하고 있다.

2. 이론적 배경 및 유익

1) 학습 원리 : 시각·청각·운동 감각을 활용하는 다중감각 학습과 동작을 통해 기억을 돕는 근육 기억 원리를 활용하고, 모방 학

습 방식을 도입하여 교육 효과를 높였다.

2) 기대 효과 : 추상적인 말씀 개념을 구체화(인지)하고, 멜로디와 동작의 결합으로 기억력을 높인다. 정서적 안정감과 공동체 소속감을 형성하며, 무엇보다 예배 소외 없이 모든 학생이 정체성을 강화하며 참여할 수 있도록 돕는다.

3. 주요 구성 및 실행 방법

1) 실행 루틴 : 예배 시작 시 말씀을 함께 읽고, 찬양 시간에 율동과 함께 부른 뒤, 설교 전 손 유희로 다시 한 번 익히는 체계적인 과정을 거친다.

2) 실행 방법

① 그 달의 말씀을 함께 읽고 예배를 시작한다.

② 찬양 시간에 그 달의 말씀을 찬양과 율동으로 한다.

③ 설교 전 말씀 율동 시간을 통해 학생들이 손 유희로 말씀을 익힌다.

4. 월별 말씀 암송

2025년 기준으로 우리말 성경으로 말씀 암송이 제작되었다. 첨부한 QR코드를 통하여 영상을 확인할 수 있고, YouTube에서도 찾아 볼 수 있다(youtube.com/@김병철)

이진혜 곡
고린도후서 5장 17절 찬양
온누리교회
양재 예수사랑부
그런즉 누구든지 그리 스도안에있 으면 새로운피조물이 라 - 그런즉

누구든지 그리 스도안에있 으면 새로운피조물이 라 그런즉

누구든지 그리 스도안에있 으면 새로운피조물이 라 그런즉 누구든지 그리

스도안에있 으면 새로운피조물이 라 고 린도후서 5 장 17절말 씀아 멘

이진혜 곡

창세기 1장1절찬양

온누리교회
양재 예수사랑부

III. 한국사회복지정책연구원의 IMP Bible Study

1. IMP 성경공부 교재

1) IMP Bible Study : IMP는 Individual Ministry Plan의 약자이다. 그러므로 IMP Bible Study란 개별화사역플랜 성경공부 교재라고 말한다. 이것은 하나의 플랜 말씀을 자기 주도로 영성지능의 계발과 함께 전인적 삶(Holistic lifespan)을 보장하기 위해 고안된 성경공부 교재이다.

2) 말씀 구성 : 매주 하나의 플랜 말씀이어서 1년 52주 총 52개의 플랜 말씀으로 구성되어 있다. 한 달을 단위로 정리하면, 1째 주는 성부 하나님(God)의 사역 플랜, 2째 주는 예수님(Jesus Christ)의 사역 플랜, 3째 주는 성령님(Holy Spirit)의 사역 플랜, 4째 주는 사람과 세상과의 관계 사역 플랜 말씀으로 구성되어 있다. 간혹 한 달 5주인 경우가 있는데, 그런 달의 5째 주에는 실로암, 베데스다, 에바다 등 장애와 관련된 사역 플랜 말씀을 실었다.

2. 이론적 배경 및 유익

1) 영성지능 계발 : IMP Bible Study 교재는 기본적으로 인간의 삶에서 영성이 중요한 축을 이루고 있으며 영성지능을 계발함으로써 훌륭한 인격체가 되어 주어진 사명을 넉넉히 감당할 수 있다는 이론을 배경으로 한다. 일반적으로 사람은 인지(Cognition), 정서(Emotion), 신체(Physical)와 함께 영성(Spirituality)을 가지고 있는 전인적인 존재이다.

2) 기대 효과 : IMP Bible Study(개별화사역플랜 성경공부 교재)를 통하여 하나님, 예수님, 성령님 삼위일체 하나님과의 만남과 임재 속에서 영성지능 계발 및 전인적인 생과 삶을 실현하는 로드맵을 모색할 수 있다.

3. 구성 및 실행 방법

1) 이 책의 플랜 말씀은 단문으로 구성되어 있는데, 참여자가 주도할 수 있도록 주로 1인칭으로 되어 있어서 참여자의 자기 신앙 고백이 되고, 자기 정체성과 일상생활에 지혜와 용기, 소망과 격려가 된다. 모든 플랜 말씀은 성경 말씀에 기초하고 있어서 플랜 말씀과 함께 성경 말씀을 요절로 암송하게 된다. 그리하여 언어 이해와 의사소통에 제약이 있는 사람도 자기 주도로 성경 말씀을 이해하기 쉽게 구성되어 있다.

교재의 매주 플랜 말씀은 한글과 영어로 구성되어 있어서 두 가지 언어로 성경 말씀을 공부할 수 있다. 영어로의 학습은 발달장애인들에게 또 다른 국제적 언어의 교육과 의사소통과 학습의 동기를 제공한다.

2) 실행 방법

① 기도로 시작하며, 함께 찬양한다.

② 오늘의 플랜 말씀을 한글과 영어로 암송한다. 따라하고, 돌아가며 암송한다.

③ 플랜 말씀에 해당하는 성경 요절 말씀을 암송한다. 따라하고, 돌아가며 암송한다.

④ 영어 플랜 말씀을 풀어 설명하고, 영어 단어와 우리말 해석을
   익힌다.

⑤ 별책인 IMP Bible Study Workbook(개별학습 북)을 활용하여
   따라 쓰고, 읽고, 그리고, 암송하며 익히고, 개별 기도를 적고
   서로 나눈다.

⑥ Q&A 영어로 묻고 답하는 상호작용을 교사-학생, 학생-학
   생이 반복한다.

⑦ 플랜 말씀과 성경 요절을 암송하며 함께 찬양하고, 기도로 마
   친다.

4. 동영상 자료

YouTube에서 동영상을 찾아볼 수 있다(김종인의 재활복지TV 또는 imp
바이블스터디).

창조주 : Creator
크뤼에이터

— **오늘의 플랜 말씀** —

하나님은 나를 걸작품으로 창조하셨습니다.

태초에 하나님이 천지를 창조하시니라(창세기 1장 1절)

<table>
<tr><td>God
갓</td><td>created
크뤼에이티드</td><td>me
미</td><td>as
애즈</td><td>a
어</td><td>masterpiece.
매스터피스</td></tr>
<tr><td colspan="6" align="center">하나님은 나를 걸작품으로 창조하셨습니다.
God created me as a masterpiece.</td></tr>
</table>

＊ 플랜 말씀 풀이

<table>
<tr><td>갓</td><td>크뤼에이티드</td><td>미</td><td>애즈 어 매스터피스</td></tr>
<tr><td><u>God</u></td><td><u>created</u></td><td><u>me</u></td><td><u>as a masterpiece.</u></td></tr>
<tr><td>하나님은</td><td>창조하셨습니다</td><td>나를</td><td>걸작품으로</td></tr>
</table>

＊ 영어 단어별 발음 및 우리말 해석

1	God	갓	하나님은
2	created	크뤼에이티드	창조하셨습니다
3	me	미	나를
4	as a masterpiece	애즈 어 매스터피스	걸작품으로
5	God created me as a masterpiece. ⇒		
6	하나님은 나를 걸작품으로 창조하셨습니다. ⇒		

＊ Q & A

Q : Who created you as a masterpiece?

A : God created me as a masterpiece.

새로운 피조물 : A New Creature
어 뉴 크뤼쳐

─ 오늘의 플랜 말씀 ─

나는 예수 그리스도 안에서 새로운 피조물입니다.

누구든지 그리스도 안에 있으면 새로운 피조물이라
이전 것은 지나갔으니 보라 새 것이 되었도다(고린도후서 5장 17절)

I	am	a	new	creature	in	Jesus	Christ.
아이	앰	어	뉴	크뤼쳐	인	지저스	크라이스트

나는 예수 그리스도 안에서 새로운 피조물입니다.
I am a new creature in Jesus Christ.

* 플랜 말씀 풀이

아이　　앰　　어　뉴　크뤼쳐　　　인　　지저스 크라이스트
I　　am　　a　new　creature　　in　　Jesus Christ.
나는　입니다　　새로운 피조물　　안에서　　예수 그리스도

* 영어 단어별 발음 및 우리말 해석

1	I	아이	나는
2	am	앰	입니다
3	a new creature	어 뉴 크뤼쳐	새로운 피조물
4	in	인	안에서
5	Jesus Christ	지저스 크라이스트	예수 그리스도
6	I am a new creature in Jesus Christ. ⇒		
7	나는 예수 그리스도 안에서 새로운 피조물입니다. ⇒		

* Q & A

Q : Are you a new creature in Jesus Christ?

A : Yes. I am a new creature in Jesus Christ.

IV. 결어 : 말씀 중심의 생활

성경 말씀이 귀하다. 그 말씀이 우리 영혼을 살리고, 진정한 재활을 가능케 하며, 우리 인생을 하나님 영광을 위하여 의미 있게 살게 한다. 그러므로 교사는 본인은 물론이고, 발달장애인에게 어떻게든 말씀으로 살도록 하여야 한다. 장애로 인하여 인지, 의사소통, 일상생활과 사회생활에 여러 제약이 있지만, 말씀이 들어가 그 영혼을 살릴 때, 그 인생은 거듭난 인생이 되고, 교회와 세상에서 하나님의 일을 감당하는 값진 인생이 된다. 진정한 재활은 단순히 나의 사회적 자립, 경제적 여유, 복지적 혜택이 아니라 나 자신을 넘어서 하나님을 위하여, 이웃을 위하여, 세상을 위하여 살아가는 데에 있다. 그런 점에서 성경 말씀은 가장 기본이며 핵심이다.

성경 공부도 좋고, 성경 읽기나 필사도 좋은데, 무엇보다 암송이 최고라 할 수 있다. 암송한 말씀은 언제 어디서나 묵상하며 확신을 얻고, 판단과 결정에 지침이 되고, 위로와 소망과 격려가 되기 때문이다. 그런 점에서 발달장애인부에 말씀암송 프로그램은 적극 권장할 일이다. 그런데 이것은 비단 발달장애인에게만 해당하는 것이 아니라 모든 성도에게 해당한다.

교사는 어떻게든 발달장애인에게 성경을 가르치고 암송하게 하는 것이 좋다. 장애가 심하여 암송이 어려운 경우도 있지만, 가능하면 따라하게 하고, 만나면 인사처럼 말씀을 주고받고, 주중에도 통화나 문자를 하며 함께 외우고 익혀야 한다. 발달장애인의 성경 암송을 돕기 위해 카드나 엽서, 이미지나 동영상도 제작하여 활용하고, 또 암송할 때마다 칭찬과 선물로 격려한다. 발달장애인부에서 예배 특순으로 성경 암송을 하는 것도 좋고, 주기적으로 성경 암송 대회를 하는 것도 좋다.

이미 교회나 선교 단체에서 하는 말씀 암송 프로그램들이 많다. 총회 교육자원부에서 개발한 프로그램도 있고, 중대형 교회에서 자체 개발한 프로그램들도 있다. 해당 사이트에서 이것을 무료로 얻어 볼 수 있다. 또한 유튜브에서도 검색해 보면 챈트, 찬양, 마임 등 성경 암송을 위한 동영상 자료들이 많이 있다. 어떻게든 말씀으로 살게 하는 것이 중요하다. 하나님의 말씀이 장애인이든 비장애인이든 모든 영혼을 소생시키며, 인생의 의미와 가치와 활력을 넘치게 한다.

제11장

발달장애인과 함께하는 세례와 성찬

—

황성재 · 이상록

● 발달장애인과 함께하는 "세례 예전"

성경은 하나님께서 모든 사람이 구원에 이르기를 원하신다는 사실을 분명히 전하고 있다.(딤전 2:4, 벧후 3:9) 여기서 '모든 사람'이라는 표현은 원어적으로도 '하나도 빠짐없이' 제한 없는 보편적 개념으로, 인지능력이나 언어적 고백 여부를 전제하지 않는다. 구원은 인간의 인지 능력의 차원을 넘어 하나님의 주권에 근거한다. 발달장애인이 교회의 세례 예전에 적극 참여할 수 있도록 중개인 역할을 두어 세례를 진행하는 것이 바람직하다.

중개인의 개념은 대한예수교장로회 예배·예식서에서 제시하고 있다. 복음서 말씀(마 8:5-13, 9:18-26, 막 2:1-12, 7:31-37)을 보면 발달·중증장애인의 언어적 신앙 고백의 완결성을 요구하지 않고, 오히려 데리고 나온 사람들의 믿음을 보며 구원의 역사를 이루신다. 「대한예수교장로회 총회교육자원부, 세례문답집」에 의하면 "하나님의 은총의 역사를 이루는 중개인의 믿음이란 예수님만이 유일한 구원의 길임을 믿는, 장애인을 돌보는 지인 혹은 가족의 믿음에 대한 인정이요, 이와 더불어 신앙 공동체의 믿음과 돌봄에 대한 인정이다"(p.106) 라고 말한다. 더 나아가 성령께서 말씀과 예배를 통하여, 인간의 언어와 인지의 한계를 넘어 발달장애인의 마음속에 보이지 않게 역사하신다는 사실을 신앙으로 고백한다. 성령의 사역은 인간의 가시적 반응에 제한되지 않으며, 오히려 그 한계를 넘어 자유롭게 역사하신다.

중개인을 통한 세례에 대해 가장 흔히 제기되는 반론은 "당사자의 구어적 신앙 고백이 없는데 세례를 베푸는 것이 정당한가"라는 질문이다. 그러나 이 반론은 신앙 고백을 오직 구어표현의 진술로만 이해하는 제한된 전제에 기초하고 있다. 성경은 신앙의 실재를 인간의 말로 제한하지 않으며, 오히려 믿음이 말 이전의 차원, 즉 관계와 신뢰, 응답의 태도로도 드러날 수 있음을 증언한다. 또한 교회는 이미 다양한 방식으로 '불완전한 고백'을 받아들여 왔다. 공동 신앙고백, 대표기도, 유아세례, 예전 중심의 신앙 형성은 모두 개인의 언어적 능력을 절대 기준으로 삼지 않는다. 그렇다면 구어 표현이 불가능한 발달장애인에게만 "직접 말로 고백하지 못했기 때문에 세례를 줄 수 없다"고 말하는 것은 신학적 엄밀성이라기보다 기준의 불일치에 가깝다. 중개인을 통한 고백은 고백의 부재가 아니라, 고백의 방식이 다를 뿐인다.

중개인을 통한 세례는 유아세례와 신학적으로 깊은 연속성을 가진다. 유아세례에서 교회는 아이의 인지적 이해나 언어적 고백을 요구하지 않는다. 대신 보호자와 신앙 공동체가 아이를 대신하여 하나님 앞에서 신앙을 고백하고, 그 아이를 말씀과 예배 안에서 양육하겠다고 공적으로 약속한다. 이는 구원의 주체가 인간의 이해 능력이 아니라 하나님의 은혜와 언약에 있음을 고백하는 교회의 신앙적 결단이다. 이와 마찬가지로, 중개인을 통해 세례를 받는 발달장애인의 경우에도 교회는 동일한 신학적 원리에 서 있다. 중개인의 믿음과 고백은 당사자의 신앙을 대체하는 것이 아니라, 당사자를 언약 공동체 안으로 데리고 나아가는 역할을 한다. 그리고 교회는 그 세례를 통해 "이 사람은 우리의 책임 아래 있으며, 우리는 이 사람과 함께 예배하고, 가르치고, 돌볼 것이다"라고 선언한다. 이는 유아세례에서 이미 교회가 반복적으로 실천해 온 언약 신학의 확장이지, 새로운 원칙의 도입이 아니다.

세례 대상자의 의사 표현은 반드시 구어 표현에만 한정되지 않아야 한다. 발달장애인은 자신의 신앙을 말로 명확히 표현하기 어렵거나 불가능한 경우가 있지만, 눈빛, 몸짓, 표정, 손잡기, 또는 익숙한 방식으로 보여주는 반응 등을 통해 하나님을 향한 신뢰와 관계를 드러낼 수 있습니다. 발달장애인 가정의 경우, 사회적 인식의 부족이나 다양한 현실적 어려움 속에서도 예배에 성실히 참여하려는 자세는 단지 외적인 참여를 넘어선 깊은 신앙의 고백이며 열매이다. 이는 단지 당사자의 결단뿐 아니라, 가족과 돌보는 이들의 신앙이 함께 만들어 낸 공동체적 응답이며, 하나님 앞에서 드러나는 관계적 고백이라 할 수 있다. 교회는 발달장애인의 이러한 신앙 표현을 이해하며, 구어표현의 어려움이 있더라도 그것이 하나님과의 관계 속에서 맺어진 온전한 신앙의 열매임을 받아들여야 한다.

성경에 중개인을 통해 예수님을 만나는 사례들.

본문	사건 내용	당사자의 상태	중개인의 역할	의미
막 2:1-12	마비증 환자를 위해 지붕을 걷어내고 예수님께 나아감	마비증	친구들이 **침상에 메고 예수께 데려옴**	그들의 믿음을 보시고 죄 사함과 치유를 선포
마 8:5-13	백부장의 하인을 고쳐주심	마비증	백부장이 전적으로 **대신 요청**	백부장의 믿음만으로 치유 됨
막 7:31-37	청각장애인의 두 귀가 열리고 묶인 혀가 풀어짐	청각·언어 장애	사람들이 **데리고와 대신 간청**	사람들이 데려와 사정해서 치유 됨
마 9:18-26	회당장의 죽은 딸을 살리심	이미 죽은 상태	아버지가 엎드려 **대신 간청**	아버지의 간청으로 죽은 딸이 살아남
(종합)		의사표현 제한	가족·지인· 공동체가 중개	중개인의 믿음을 보시고 예수님께서 응답해 주심

발달장애인과 함께하는 "세례 예식순서"

• 집례 : ○ ○ ○ 목사

세례예식 권면 ————————————————————————————— **집 례 자**

사랑하는 여러분, 이 세례예식은 하나님께서 우리에게 이것을 지켜 행할 것을 명하셨습니다. 우리는 이 세례예식을 통해 첫째로 예수님을 믿고 죄를 고백하면 하나님께서 우리의 죄를 깨끗하게 씻어주신다는 사죄와 구원의 은혜를 경험하게 됩니다. 두 번째로는 예수님의 죽음과 부활에 함께 참여함으로써 하나님의 자녀로 살아가는 새로운 삶을 시작하게 됩니다. 마지막으로 세례 받은 우리는 그리스도의 몸인 교회 공동체원이 되었음을 고백하게 됩니다. 하나님께서 오늘 이 세례 가운데 우리 모두에게 은혜와 기쁨, 평안함을 주시기를 바랍니다.

오늘 세례에 임하는 OOO는 개인의 믿음과 중개인의 믿음을 통해 세례를 주게 됩니다. 중개인의 믿음이란, 예수님만이 유일한 구원의 길임을 믿는, 발달장애인을 돌보는 가족의 믿음에 대한 인정이요. 이와 더불어 신앙 공동체의 믿음에 인정입니다. OO교회 공동체는 성령께서 말씀을 통하여 이와 같은 발달장애인의 마음속에 보이지 않게 역사하시는 것을 믿습니다.

예식선언 ————————————————————————————————— **집 례 자**

지금부터 '세례식'을 거행하겠습니다. "그러나 너희는 택하신 족속이요 왕 같은 제사장들이요 거룩한 나라요 그의 소유가 된 백성이니 이는 너희를 어두운 데서 불러내어 그의 기이한 빛에 들어가게 하신 이의 아름다운 덕을 선포하게 하려 하심이라"(벧전 2:9) 예수님의 말씀에 순종하여 택함을 입은 주의 자녀들에게 세례를 베풉니다. 우리가 받은 세례를 기억하며 이 예전 가운데 나아갈 수 있기를 바랍니다.

호명 —————————————————————————————————————— **집 례 자**

세례 후보자의 이름을 부르면, 후보자와 중개인이 함께 앞으로 나온다.

공동체서약 ————————————————————————————— **집례자와 중개인**

교회 공동체와 중개인이 세례후보자에게 믿음으로 함께 선포하는 시간입니다.

문: 여러분은 OOO이 세례받기를 원하십니까?

답: **예, 원합니다.**

문: 여러분은 OOO이 세례 받기를 원하는 이 자리에서 예수 그리스도를 구원의 주님으로 고백하며 그분만을 섬길 것을 약속하십니까?

답: **예, 약속합니다.**

문: 여러분은 OOO을 그리스도 안에서 믿음으로 양육하고 OOO에게 신앙의 모범을 보이며, 이들이 참다운 하나님의 백성으로 성장하도록 도울 것을 약속하겠습니까?

답: **예, 약속합니다.**

신앙고백 ————————————————————— **집례자와 세례 후보자(중개인)**

*구어로 표현할 수 있는 장애인은 말로, 신체 표현이 가능한 장애인은 자신에게 익숙한 방식으로 응답할 수 있으며, 모든 표현이 어려운 경우에는 중개인이 그 뜻을 대신 전할 수 있습니다.

문: 여러분은 세상을 만드신 하나님 아버지를 믿습니까?

답: **예, 믿습니다.**

문: 죄에 물든 여러분을 위해 예수님께서 십자가에 못 박혀 죽으시고 부활하심을 믿습니까?

답: **예, 믿습니다.**

문: 여러분은 예수님을 구주로 믿고 따를 것을 약속합니까?

답: **예, 약속합니다.**

문: 여러분은 죄를 용서받고 하나님 나라에 가게 됨을 믿습니까?

답: **예, 믿습니다.**

세례감사기도 ──────────────────────── **다 같 이**

"사랑하는 아들이요."라고 말씀해 주신 하나님, **감사합니다.**

"기뻐하는 자라."라고 말씀해 주신 하나님, **감사합니다.**

우리를 위하여 십자가를 지신 예수님, **감사합니다.**

우리를 위하여 부활하시고 다시 오시겠다고 말씀하신 예수님, **감사합니다.**

우리와 함께하시겠다고 약속하신 예수님, **찬양합니다.**

세례의 자리로 우리를 불러주신 예수님, **감사합니다.**

비둘기 같이 임하셔서 우리와 함께하시는 성령님, **감사합니다.**

세례수 위에 하나님의 영을 보내셔서, 세례받는 이들이 거룩함을 덧입게 하시고, 증인된 우리 모두가 받은 세례를 기억하며 주님의 은혜에 감사하는 시간이 되게 하소서. **예수님 이름으로 기도합니다. 아멘.**

세례와 안수 ──────────────────────── **집 례 자**

예수 그리스도를 구주로 믿는 이 OOO에게, 내가 성부와 성자와 성령의 이름으로 세례를 주노라. 아멘.

선 포 ──────────────────────── **집 례 자**

오늘 세례를 받은 OOO은 대한예수교장로회 OO교회의 세례교인이 된 것을 내가 성부와 성자와 성령의 이름으로 선포하노라. 아멘.

기 도 ──────────────────────── **집 례 자**

오늘 세례 받은 이들 위에 하나님의 축복을 더하여 주옵소서. 하나님만 경외하며, 영생에 이르기까지 날까지 보호하고 지켜주옵소서. 예수님 이름으로 기도합니다. 아멘.

축복의 찬양 ──────────────────────── **다 같 이**

당신은 사랑받기 위해

축 도 ──────────────────────── **집 례 자**

발달장애인과 함께하는 "세례교육 및 문답"

발달장애인을 위한 세례교육은 인지적 특성과 표현 방식을 고려한 맞춤형 접근이 필요하다. 특히 어떤 방식으로 가장 잘 소통할 수 있는지 중개인과 함께 논의하고 조율하는 과정이 중요하다. 구어 표현이 어려운 경우에는 AAC(보완대체의사소통) 도구를 활용해 신체적 표현을 도울 수 있으며, 모든 표현이 어려운 경우에는 중개인이 대신 고백을 함께 표현할 수 있다. 세례교육은 발달장애인이 자신의 방식으로 신앙에 응답하도록 돕는 과정이며, 중개인에게도 신앙을 돌아보고 함께 자라는 기회가 된다.

세례문답

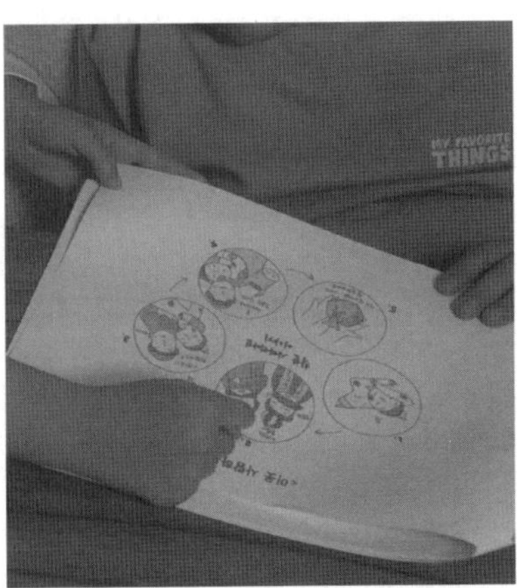

세례교육

● 발달장애인과 함께하는 "성만찬 예전"

• 집례 : ○ ○ ○ 목사

세례예식 권면 ── **집 례 자**

사랑하는 여러분,
이 성찬예식은 하나님께서 우리를 사랑하시사 우리를 위하여 눈에 보여지도록 보여
주신 하나님의 말씀입니다. 또한 하나님께서는 우리에게 이것을 지켜 행할 것을 명
하셨습니다. 우리는 이 성찬예식을 통하여 첫째로, 하나님이신 예수님께서 우리를
위해 죽으심으로 얻게 되는 사죄와 구원의 확신을 갖게 됩니다. 둘째로는 예수님과
한 몸, 하나됨을 체험하게 됩니다. 마지막으로 한 하나님을 섬기는 우리 모두가 모습
은 달라도 주님안에서 하나임을 확인하고 그 사랑으로 서로 사랑해야 함을 느끼게
됩니다. 진정 이 예식 가운데 하나님의 만져주심과 함께하심에 대한 많은 분들의 간
증들이 있습니다. 이 은혜가 오늘 우리들 가운데도 충만하기를 빕니다.

평화의 인사 ── **집례자와 회중**

집례자: 예수님의 평화가 여러분과 함께하기를 원합니다.
회 중: 예수님의 평화가 목사님과 함께 하기를 원합니다.
집례자: 우리의 마음을 주님께 올려드립니다.(그릇을 만들어서 올림)
회 중: 우리의 마음을 주님께 올려드립니다.(그릇을 만들어서 올림)
집례자: 우리가 하나님을 찬양합니다.
회 중: 우리가 하나님을 찬양합니다.
＊찬양: "사랑의 주님이" 함께 부르면서 서로를 안아 줍니다
(마무리 "평화 평화로다" 후렴구 찬양)
• 집례자: 주님의 평화가 이 시간 우리 가운에 임재하시기를 바랍니다.

주기도 ───────────────── **주기도문 찬양** ───────────────── **다 같 이**

하늘에 계신 우리 아버지여 이름이 거룩히 여김을 받으시오며
나라에 임하 옵시며 뜻이 하늘에서 이룬 것 같이 땅에서도 이루어지이다.
오늘날 우리에게 일용할 양식을 주옵시고
우리가 우리에게 죄 지은 자를 사하여 준 것 같이
우리 죄를 사하여 주시옵고
다만 악에서 구하옵소서
대개 나라와 권세와 영광이 아버지께 영원히 있사옵나이다. 아멘

성찬감사기도 ── **다 같 이**

하나님의 형상을 따라 우리를 만드신 하나님, **감사합니다.**
세상을 아름답게 창조하신 하나님, **감사합니다.**

우리를 위하여 십자가를 지신 예수님, **감사합니다.**
우리 한사람 한사람을 최고로 사랑해주시는 예수님, **감사합니다.**
물고기 두마리와 떡 다섯개로 5000명이나 먹이신 예수님, **찬양합니다.**
성찬의 자리로 우리를 불러주신 예수님, **감사합니다.**
지금, 우리와 지금 함께하시는 성령님, **감사합니다.**
빵과 잔위에 임하셔서 이 빵과 잔이 주님의 부활하신 살과 피가 되게 하옵소서.
예수님의 이름으로 기도합니다. 아멘.

분병분잔 ──────────────────────────────────── **분병분잔위원**

(분병 선언) 예수님께서 잡히시던 유월절 저녁 식사 때, (떡을 듬) 떡을 가지사 감사기도 드리고 떼어 주시면서 "이것은 너희를 위하여 찢는 내 몸이다. 받으라, 먹으라 명하셨습니다." 또한 이것을 행하여 나를 기념하라 하셨습니다.

(분잔 선언) 식후에 또한 그와 같이 (잔에 부음) 잔을 가지시고 이르시되(잔을 듬) "이 잔은 내 피로 세운 새 언약이니 이것을 행하여 마실 때마다 나를 기념하라" 하셨습니다. 그리고 주님은 "너희가 이 떡과 이 잔을 마실 때 마다 주의 죽으심을 그가 오실 때까지 전하는 것이니라" 말씀하셨습니다.

오늘 이 시간 우리를 위하신 주님의 그 십자가 사랑을 생각하며, 이 성찬예식의 자리에 참여하기를 원합니다. 세례를 받으시고 이 떡과 잔을 받기에 거리낌이 없으신 분들은 자리에서 일어서 주시기 바랍니다.

분병 담당자 – 친구들을 찾아가서 빵을 나누어 줌
(**집례자**:이것은 예수님께서 ○○를 위하여 찢으신 살입니다. **회중**:감사합니다.)
분잔 담당자 – 친구들을 찾아가서 포도주 나누어 줌
(**집례자**:이 잔은 예수님께서 ○○를 위하여 흘리신 보혈의 피입니다. **회중**:감사합니다.)
＊분병분잔 후, 감사의 찬송 찬송가 563장 후렴 부름.
＊집례자가 감사의 기도를 드리고 함께 떡과 잔을 먹음.

이 거룩한 성찬예식을 통하여 십자가 그 사랑을 보여주시는 하나님 아버지, 십자가에서 몸을 찢으신 그 주님의 사랑으로 죄인인 우리를 하나님의 자녀로 삼아 주심을 감사드립니다. 이제 주님께서 명하신대로 이 떡을 먹을 때, 우리의 삶이 주님의 자녀다운 삶을 살아가도록 은총을 베풀어 주옵소서. 주님, 십자가 위에서 한 방울 남김없이 흘려주신 그 보배피로 이 시간 저희들을 깨끗게 해 주심을 감사드립니다. 이제 주님의 살과 피를 먹으며…이제는 내가 산 것이 아니요 내 안에 그리스도로 말미암아 승리하며 살아가게 하옵소서. 능력 많으신 예수님 이름으로 기도드립니다. 아멘
　• 집례자: 이제 진심으로 드리는 감사로 이 떡과 잔을 함께 먹겠습니다

성찬감사고백 ··· **장애인당사자 1인, 교사 1인**

성찬 후 기도 ·· **집 례 자**

주님, 이제 주님의 부활하신 몸과 피를 받았으니, 우리로 세상가운데 빛과 소금이 되어 살게 하여 주시옵소서. 우리를 통하여 하나님의 나라가 매일 매일의 나의 삶 속에, 가족들과 친구들 가운데, 우리 교회와 세상 가운데 세워지게 하여 주시옵소 서. 예수님의 이름으로 기도드립니다.

축복의 찬양 ····················· 당신은 사랑받기 위해 ····················· **다 같 이**

축 도 ·· **집 례 자**

제12장

발달장애인의 도전적 행동

—

박예솔

도전적 행동이란

교회 장애인 부서 교사들의 끊임없는 고민 중 하나는 교회에서 만나는 친구들의 도전적 행동에 대한 고민이다. 왜 이 친구는 찬양 시간만 되면 소리를 지르고 밖으로 나갈까? 왜 이 친구는 공과 시간만 되면 책상에 머리를 박을까? 왜 이 친구는 시도 때도 없이 밖으로 나가려고만 할까? 어떻게 하면 이 친구가 예배에 집중하게 만들 수 있을까? 이와 같은 다양한 질문과 고민들이 교사들 가운데 있지만 현실적으로 교사들이 도전적 행동의 전문가가 아닐뿐더러 일주일에 한 번에서 두 번밖에 만나지 않아 정보가 부족할 수밖에 없다.

'도전적 행동'이라는 용어를 사용하기 이전에는 '행동문제' (behavioural disturbance), '문제행동'(problem behaviour) '부적응행동' (maladaptive behavirous), '비정상행동'(aberrant behaviour), '행동이상' (behaviroural abnormalities) 등의 용어가 사용되었다(Xeniditis, Russell & Murphy, 2001). 그렇다면 누가 무엇에 도전하기 때문에 도전적 행동이라 하는것인가? 먼저 장애인 당사자이다. 발달장애인은 개인적 특성과 환경적 제약으로 의사와 욕구를 전달하기 어려운 경우가 많다. 따라서 당사자 차원의 도전적 행동은 본인의 의사와 욕구를 타인과 공유하고자 하는 의사소통이며 도전적 행동을 통하여 상대방에게 힘겹게 "소통"을 시도하는 것으로 이해 해야 한다. 또한 교사들도 도전에 직면한다. 교사들은 장애인들의 행동의 이유를 찾아야 하고, 그 의미를 이해하기 위해 노력해야 한다. 또한 장애인들의 행동을 다루기 어렵거나 대처하기 어려운 경우 이를 개선하거나 중재할 수 있는 방법을 찾아야 한다. 여기에는 정답이 없으며, 모든 가능성을 다 시험해 보고 여러 방법을 활용하는 가운데 어려움을 겪게 된다. 이 모든 과정은 교사들에게 "어려운 일"이 되며 도전이 된다.

즉 장애인들의 행동을 문제적 또는 비정상적이라고 보는 것을 지양하고 장애인들의 행동을 세상과 소통하기 위한 힘겨운 노력으로 보고, 지원자는 그들이 소통하고자 하는 바를 이해하고 지원하기 위해 노력해야 함을 "도전적 행동"이라는 용어가 가진 함의라고 볼 수 있다.

◆도전적 행동의 원인은 무엇일까?

발달장애인의 도전적 행동을 이해하기 위해서는 장애인 개인에 대한 이해와 환경에 대한 이해가 필요하다. 따라서 교사는 도전적 행동을 하는 개인의 특성, 건강, 의사소통의 특징을 이해할 필요가 있으며, 담당 발달장애인의 물리적 환경의 특성, 활동과 생활에서 받는 자극들, 그리고 주변 사람과의 상호작용을 면밀히 이해해야 한다.

아래의 그림은 인간 행동의 발생을 도식화 한 것으로 발달장애인의 도전적 행동 또한 아래와 같은 도식으로 이해할 수 있다.

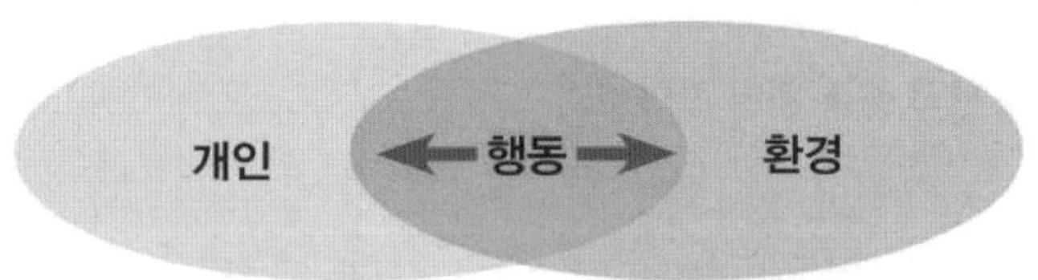

출처: Bush(2013: 21) Figure. 1; Royal College of Psychiatrists 외, (2007: 24) Figure. 1.

[그림 1-1] 도전적 행동의 발생

먼저 발달장애인의 **개인적 요인**을 보면, 개인의 신체 상태 및 심리정서 상태, 그리고 개인의 욕구가 도전적 행동을 하는데 영향을 줄 수 있다. 대표적으로 아래와 같은 상태에 있을 때 이런 행동이 발생하기 쉽다.

① 타인의 주목을 받고 싶다 (Attention)
② 지금 이 상황에서 빠져나가고 싶다 (Escape)
③ 자극을 받고 싶다 (Sensory Stimulation)
④ 원하는 게 따로 있다 (Tangible)
⑤ 지금 몸 어딘가가 아프다 (Illness)

환경적 요인을 살펴보면 발달장애인의 개인 욕구와 환경간의 적합도가 나쁠수록 발달장애인이 도전적 행동을 보일 가능성이 높아진다. 여기서 적합도가 나쁘다는 것은 다음과 같은 상태를 말한다.

① 타인을 이해하고 의사소통할 기회가 적음
② 요구로부터 벗어나거나 이를 피할수 있는 기회가 지나치게 많음
③ 감정과 불안을 감소시킬 기회가 적음
④ 환경에 대한 선택 및 통제권을 행사할 수 있는 기회가 적음
⑤ 본인이 선호하는 활동이나 대상에 접근할 기회가 지나치게 많음
⑥ 감각적 피드백의 여러 형태를 경험할수 있는 기회가 적음
⑦ 사회로부터 관심을 받을 기회가 지나치게 많음

도전적 행동 원인 찾아보기

도전적 행동에 관한 많은 선행연구들에 따르면 도전적 행동의 원인(기능)을 파악하고 그 원인에 맞는 적절한 대처 방법을 실시 했을 때 도전적 행동이 가장 효과적으로 감소한다고 본다. 따라서 다소 시간이 걸리더라도 부서 친구들이 왜 이런 행동을 하는지 그 원인을 찾아 보는 것이 반드시 필요하다.

도전적 행동의 원인을 찾는 방법에는 크게 두 가지가 있다. 직접 친구들의 행동을 관찰하고 기록해서 찾는 방법과 설문지나 면접을 통해 간접적으로 찾는 방법이다.

1. 직접 관찰하고 기록해서 찾는 방법 : ABC 관찰 기록

ABC 관찰 기록은 친구들의 도전적 행동과 그 행동이 일어나기

전과 후의 상황을 관찰하고 기록하여 도전적 행동의 원인을 찾는 방법이다.

> **A: 선행사건**(Antecedent event) : 사건이나 행동이 일어나기 전의 상황
> **B: 행동**(Behavior) : 관찰하고자 하는 사건이나 행동 그 자체
> **C: 결과**(Consequence) : 사건이나 행동이 일어난 후의 결과

*선행사건 - 도전행동이 일어나기 전 도전행동과 연관되는 모든 환경, 자극, 사건등을 말한다. 도전행동에 앞서 나타났기 때문에 선행이라는 표현을 사용한다.

가. ABC 관찰 기록지 작성하기

[ABC 관찰 기록 예시]

ABC 관찰 기록

이름: ○○○   기록자: ○○○

날짜/시간	선행사건(A)	행동(B)	결과(C)
사건이 일어난 날짜와 시간을 적는다	도전적 행동이 일어나기 바로 전 상황을 적는다	당사자가 보인 도전적 행동을 적는다	도전적 행동을 보였을 때 주위 사람들이 어떻게 행동했는지 적는다
11월 10일 오전 11:10~11:20	평소보다 예배 시간에 늦게 도착해 준비 찬양시간에 율동을 적게 참여함. 좋아하는 찬양곡 율동을 하지못함	설교 시간에 소리를 지르며 벌떡 일어남	주위 사람들이 쳐다봄. 담당 교사가 제지하여도 시끄럽게 소리를 지르는 것을 멈추지 않아 담당 교사가 당사자가 평소 좋아하는 젤리(마이쮸)를 하나 줌.

*ABC기록지는 행동이 발생했을 때 즉각적으로 기록하는 것이 좋고, 대상을 돌보는 모든사람들이 기록하는 것이 좋다. 최소 며칠간은 작성하여 행동에 대한 누적된 정보를 확보한다.

나. ABC관찰기록지를 작성한뒤 작성한 기록지에서 도전적 행동의 원인을 찾는다.

동일한 행동에대해 어느정도 누적기록된 내용을 보았을 때 패턴이 반복되는 것으로 도전행동의 원인을 알 수 있다.

• 만약 다음과 같은 패턴을 가장 많이 보인다면, 다른 사람의 관

심이나 반응을 끌기 위해 도전적 행동을 할 가능성이 높다.

- 도전적 행동을 하며 다른 사람의 눈치를 본다.
- 사람들이 있을 때 도전적 행동이 더 심하다.
- 주위 사람들이 그 행동에 대해 이야기를 하거나 반응을 보이면 도전적 행동이 더 오래가거나 심해진다.
- 혼자 있을 때는 도전적 행동을 보이지 않는다.
- 당사자에게 오랫동안 관심을 보이지 않거나 혼자 두었을 때 도전적 행동을 보인다.

• 만약 다음과 같은 패턴을 가장 많이 보인다면, 자신에게 주어진 과제나 활동을 하기 싫을 때 피하려고 도전적 행동을 할 가능성이 높다.

- 무언가를 하라고 시키면 도전적 행동을 보인다.
- 과제나 활동을 하다가 어려워지면 도전적 행동을 한다.
- 과제나 활동을 하다가 시간이 길어지면 도전적 행동을 한다.
- 과제나 활동을 할 시간이 되면 도전적 행동을 한다.
- 지시했던 과제나 활동을 하지 말라고 하면 도전적 행동을 멈춘다.

• 만약 다음과 같은 패턴을 가장 많이 보인다면, 원하는 것을 얻기 위해 도전적 행동을 할 가능성이 높다.

- 원하는 것을 주지 않을 때 도전적 행동을 한다.
- 다른 사람이 어떤 물건이나 좋아하는 음식 등을 가지고 있을

때 달라고 도전적행동을 한다.
- 원하는 물건이나 음식 등을 자신이 꺼낼 수 없을 때 도전적 행
  동을 한다.
- 좋아하는 활동(핸드폰보기, 과자 먹기 등)을 하는 것을 방해하거나
  빼앗겼을 때 도전적행동을 한다.
- 갑자기 늘 하던 일상생활의 규칙이나 패턴을 바꾸었을 때 도
  전적 행동을 한다.
- 원하는 것을 주면 문제행동을 멈춘다.

• 만약 다음과 같은 패턴을 가장 많이 보인다면, 감각적 자극을
얻기 위해 도전적 행동을 할 가능성이 높다.
- 때와 장소를 안 가리고 반복적으로 계속 그 행동을 한다.
- 사람이 있든 없든 상관없이 그 행동을 계속한다.

• 만약 다음과 같은 패턴을 가장 많이 보인다면, 그 밖에 특정
자극이나 상황, 질병 때문에 도전적 행동을 할 가능성이 높다.
- 어떤 자극(소리, 빛, 냄새, 옷, 장소, 의자, 사람 등)만 있으면 도전적 행
  동을 한다.
- 생리통, 복통, 두통 등 어딘가 아프면 도전적 행동을 한다.
*도전적행동의 원인은 한가지로만 나타나지 않는경우가 많다.
여러 가지 패턴이 모두 섞여 복잡하게 나타날 수도 있다. 따라서
단순한 일반화 적용을 경계하고 원인을 찾고 필요시 전문가에 의
한 심층적 평가가 필요할 수도 있다.

2. 설문지를 통해 간접적으로 원인을 찾는 방법: 행동 원인 규명 척도

ABC관찰에 의한 도전적행동의 원인평가가 좋은방법이긴 하지만, 시간이 없는경우 많은 사람들에게 친구의 정보를 얻을 수 있다면 행동 원인 규명척도 (부록1)를 사용할 수 있다.

도전적 행동 지원하기

담당 학생이 보이는 도전적 행동의 기능을 파악했다면 중재와 지원이 필요하다. 아래의 중재 지원 방법은 일반적으로 알려진 도전적 행동 대처 매뉴얼이다. 그러나 명심해야 할 것은 이러한 중재와 지원이 천편일률적으로 대입되지 않는다는 점이다. 우리가 매주 교회에서 만나는 친구들은 각각 고유의 특성이 있고 기질 또한 다르며 처한 환경과 삶의 배경 또한 다르다. 나아가 지원인(교사)의 유형 또한 다르다. 따라서 매뉴얼을 기초로 부서의 발달장애인들에게 맞는 개별적 지원이 필요하다.

◆ **관심에 의해 유지되는 행동**(관심과 반응을 얻기 위해 도전적 행동을 함)

중재와 지원의 핵심

-도전적 행동을 통해 다른 사람의 관심이나 반응을 얻지 못하도록 한다.

-다른 적절한 행동을 통해 주위 사람들의 관심이나 반응을 얻도록 가르친다.

대처 방법은 다음으로 요약된다.

-도전적 행동을 할 때 : 관심(반응)을 보이지 않는다. *긍정적 부정적 반응 포함

-도전적 행동을 안 할 때 : 충분한 관심(반응)을 보인다.

◆ 과제회피에 의해 유지되는 행동(하기 싫은 일을 회피하기 위해 도전적 행동을 함)

중재와 지원의 핵심
-도전적 행동을 통해서 싫어하는 과제나 활동을 피할 수 없어야 한다.
-주어진 과제나 활동이 싫을 때 도전적 행동을 대신 할 수 있는 적절한 행동을 가르친다

대처 방법은 다음으로 요약된다.
-도전적 행동을 할 때 : 과제나 활동을 계속하도록 한다. *충분한 시간으로 관심(반응)을 최소한으로 한다.
-도전적 행동을 하지 않을 때 : 지시 따르기나 적절한 방법으로 표현하기 등 대안 행동을 가르친다.

◆ 요구에 의해 유지되는 행동(원하는 것을 얻기 위해 도전적 행동을 함)

중재와 지원의 핵심
-도전적 행동을 통해서 원하는 것을 얻을 수 없어야 한다.
-원하는 것을 얻기 위해 도전적 행동 대신 할 수 있는 적절한 행동을 가르친다.

대처 방법은 다음으로 요약된다
-도전적 행동을 할 때 : 원하는 것을 주지 않는다.
-도전적 행동을 안 할 때 : 적절한 방법으로 표현하는 대안행동을 가르친다.

◆ 자기자극에 의해 유지되는 행동(감각적인 자극을 얻기 위해 도전적행동을 함)

중재와 지원의 핵심
-도전적 행동을 통해서 감각적인 자극을 얻을 수 없어야 한다.
-감각적인 자극은 적절한 놀이나 활동을 통해서 얻도록 한다.

대처 방법은 다음으로 요약된다.
-도전적 행동을 할 때 : 감각적인 자극을 차단시키거나 줄여준다. 적절한 장소로 이동시키거나 시간을 준다.
-도전적 행동을 안 할 때 : 할 일을 주고(활동의 빈곤), 신체 기술 향상 등 대안 행동을 가르친다. 사적인 행동을 해도 되는 장소와 안되는 장소를 구분하도록 가르친다.

◆ 기타 원인에 의해 유지되는 행동 (상황이나 자극에 대한 반응 혹은 의학
  적 원인)

상황/자극에 대한반응

중재와 지원의 핵심
-도전적 행동을 일으키는 요인에 대한 분노 정도를 약화시킨다.

대처 방법은 다음으로 요약된다.
도전적 행동을 할 때 : 그 행동을 일으키는 요인으로부터 분리시킨다. (반응최소화)
도전적 행동을 안 할 때 : 분노를 조절하는 적절한 방법을 가르친다. (근육이완, 심호흡)

의학적 원인

중재와 지원의 핵심
-의학적인 처치를 먼저 고려한다.
-의학적인 처지를 통해서도 도전적 행동에 변화가 없다면 다른 원인을 찾아본다.

대처 방법은 다음으로 요약된다.
-도전적 행동을 할 때 : 의학적인 처치를 한다.
-도전적행동을 안 할 때 : 평소 행동변화 시기, 패턴 정도 등을 면밀히 관찰한다. 적절
  한 방법을 가르친다.

환경개선을 통한 도전적 행동 중재와 지원

어떠한 도전적 행동의 경우 복잡한 과정을 거치지 않고 단순히
그 행동이 일어나는 환경을 정리해 주는 것 특히 시각적 정보제시
만으로 유의미하게 줄거나 없어질 수 있다. 이는 도전적 행동이 비
교적 단순할 때 적용이 용이 하다. 일반적으로 발달장애인 들은 시
각적 정보처리에 능하다. 따라서 단순한 환경조절을 통해 도전적

행동을 예방할 수 있다. 중요한 것은 각 당사자에게 맞는 방법은 한번에 찾아지기 보다는 오랜 시간과 시행착오를 거쳐 발견될 수 있음을 반드시 기억해야 한다.

[환경조절 예시]

공간이 너무 좁은가?
→ 보다 넓은 공간확보가 필요하다.
주의가 너무 산만한가?
→ 산만해 질 수 있는 물건들은 보이지 않는 곳에 따로 정리한다.
무엇을 해야하는지 몰라 불안해 하는가?
→ 단순 명료한 시각적 자료를 통해 일의 순서를 확인하게 한다.
활동들이 불규칙하게 진행되어지고 있는가?
→ 최대한 규칙적인 활동들을 통해 예측가능성을 높혀주어 불안감을 낮춘다.
너무 많은 자극이 전달되고 있는가?
→ 조명(시각), 음향기기(청각), 방향제(후각), 온도, 습도등을 조절한다.
어디서 해야하는지 몰라 불안해 하는가?
→ 파티션, 울타리, 책상등을 이용해 행동구역을 분명하게 표시해준다.
별도의 휴식공간이 있는가?
→ 심리안정을 위해 분리된 휴식공간 확보가 필요하다.
학생에게 많은 인력이 각각 동일하지 않은 지원을 하는가?
→ 논의를 통하여 공통되고 일관된 지원방식을 선택하여 지원한다.

부서 차원의 도전적 행동 지원하기

인간 행동과 환경의 관계

인간의 행동은 개인적 요소와 환경적 요소의 상호작용에 의한 것으로 이용자의 도전적 행동을 이해하기 위해서는 이용자 개인에 대한 이해와 환경에 대한 이해가 필요하다. 환경은 인간으로 살아가면서 모든 행동에 영향을 미친다. 개인에게 적합한 환경은 전체적으로 바라보고 사려 깊게 살펴야한다. 일반적으로 환경은 다음과 같은 차원으로 구분할 수 있다.

- 물리적 환경(physical environment): 친구들의 '오감'에 닿는 주변 환경(감각적으로 경험하고 인지할 수 있는 환경)
- 대인적 환경(interpersonal environment): 친구들 주변의 사회적 측면(주변 사람, 관계, 의사소통, 상호작용)
- 프로그램/활동 환경(programmatic environment): 에게 허용되거나 이용자가 실제로 참여하는 일과, 기술, 활동

유능한 환경 만들기

McGill(2014)은 도전적 행동의 발생 가능성을 증가시키는 특성을 가진 환경을 도전적 환경, 이와 반대로 도전적 행동의 발생을 감소시키고 도전적 행동 당사자와 지원자 모두에게 긍정적 성과를 가져올 수 있는 환경을 유능한 환경으로 명명하였다.

이러한 유능한 환경에서는 긍정적인 상호작용이 발생하고 의사소통 및 의미 있는 활동 지원이 이루어진다. 또한 예측가능하고 일관된 환경 가운데 도전적 행동의 발생을 감소시키고 도전적 행동 당사자와 지원자 모두에게 삶의 질 향상 등의 긍정적 성과를 가져올 수 있다.

[유능한 환경의 특징]

특징	의미
바람직한 상호작용	교사는 학생을 좋아하고 학생이 즐거워 하고 이해하는 방식으로 그들과 자주 상호작용한다.
의사소통 지원	교사는 학생이 이해하는 방식으로 의사소통하며, 학생 고유의 의사소통(말, 싸인, 동작, 행동 등)을 알아차리고, 해석하며, 대응할 수 있다. 이러한 의사소통지원은 학생의 삶 전반에 걸쳐 이루어지며, 학생들은 다양하게 의사소통할 수 있는 환경에서 지원받는다. *의사소통에 대한 지식은 환경전반 및 이에 익숙하지 않은 의사소통 파트너와도 공유되어야 한다.
의미있는 활동에 참여하도록 지원	교사는 학생이 선호하는 활동, 사회적 상호작용에 참여할 수 있도록 맞춤형 지원을 제공한다. 적절한 말하기, 손동작, 상징물, 사물 등을 사용해 지원한다.
학생 개인의 일과 및 행동을 존중해주는 일관성 있고 예측가능한 환경조성	여러 명의 교사가 지원하더라도 학생이 항상 비슷한 경험을 하도록 교사는 학생을 일관성 있게 지원한다. 이 과정에서 교사는 학생이 자신의 상황을 이해하고, 그 상황에서 무엇이 발생하고 있는지, 또 무엇이 발생할지에 대해 가능한 많이 이해할 수 있도록 각 개인에게 맞춘 다양한 범주의 의사소통 도구(시각적으로 표현된 시간계획표, 규칙적인 일과 등)를 활용한다.
관계를 유지하고 형성할 수 있도록 지원	교사는 학생의 가족이 학생의 생애에 걸쳐 미치는 중요성 및 타인과의 인간관계의 중요성을 알아야 한다. 교사는 적극적으로 대인관계를 지원하고, 한편으로는 이러한 가까운 관계에서 발생할 수 있는 위험요소를 파악할 수 있어야 한다.
교사가 선택할수 있는 기회를 제공	교사는 학생이 그들의 시간을 어떻게 보내고, 어떤 경험과 활동을 참여 할 것인가에 대해 가능한 많이 관여하도록 해야 한다.
보다 독립적으로 기능할 수 있도록 격려	교사는 학생이 새로운 기술을 배우고, 새로운 경험을 시도하며, 학생이 그들의 생활에서 많은 책임감을 가질 수 있도록 지원한다.
양질의 물리적 환경 조성	교사는 학생이 공간, 미적 감각, 소음, 조명, 안전 등과 관련하여 자신의 욕구/선호를 충족시키는 환경에 접근하고 이를 유지할 수 있도록 지원한다.

| 학생을 이해하고
배려하는 마음을 가진
숙련된 교사 | 교사는 도전적 행동이 발생하는 일반적 원인과 학생 개인의 행동에 대한 구체적 영향을 이해한다.
교사는 이해를 증진하기 위해 학생의 가족과 친구로부터 정보를 얻도록 한다.
교사는 도전적 행동을 유발할 수 있는 조건들이 만들어지는 것을 신속히 알아차리고 이를 예방하기 위해 이러한 정보와 이해를 이용자에 대한 지원에 반영하고 지원을 조정하도록 한다. |
| 교사에 대한
효과적 관리와 지원 | 유능한 환경에서 이루어지는 지원을 주도하기 위해서는 교사에 대해서도 개인적으로, 그리고 행정적 역량과 기술을 통한 관리와 지원이 제공되어야 한다. |

다양한 환경요소들이 보다 효과적으로 도전적 행동을 지원할 수 있는 환경을 구조화하기 위해서는 다음의 4가지 핵심요소를 갖추는 것이 필요하다.

핵심요소1:학생의 욕구에 대응할 수 있는 환경 및 인력의 역량을 강화한다.

유능한 환경의 핵심은 도전적 행동을 보이는 개인에게 적절하게 대응할 수 있는 환경과 인력의 역량을 강화시키는 것이다. 발달장애인들의 도전적 행동은 커뮤니케이션 즉 그들의 필요와 욕구에 대한 의사전달이라고 볼 수 있다. 따라서 도전적 행동의 예방과 감소, 그리고 도전적 행동 발생에 적절하게 대응하기 위해서는 도전적 행동에 담긴 의미와 욕구를 파악하고 이에 대응 할수 있어야 한다. 유능한 환경에서의 역량이란 이를 수행할 수 있는 역량을 말한다.

도전적행동에 대응할 수 있는 환경 및 인력의 역량은 다음과 같은 측면에서 강화되어야 한다.(Royal College of Psychiatrists 외, 2007).

① 조직의 구조는 도전적 행동 지원에 효과적, 효율적으로 조직되어있는가?
② 도전적 행동에 대한 대응이 얼마나 적절한가?
③ 도전적 행동에 대해 얼마나 유연하게 대처하는가?
④ 지원 인력이 얼마나 충분한가?
⑤ 지원 인력은 도전적 행동 지원에 필요한 기술을 제대로 갖추고 있는가?
⑥ 지원 인력은 어떻게 배치되어 있는가?
⑦ 도전적 행동 및 도전적 행동 지원에 대한 조직과 지원자의 인식은 어떠한가?
⑧ 지원을 제공하는 환경이 얼마나 안정적인가?
⑨ 도전적 행동에 대한 지원에서 얼마나 이용자에게 초점을 두고 있는가?

핵심요소2:기존에 시도하지 않았던 새로운 방법으로 접근한다.

도전적행동의 개념정의에서 '도전'은 발달장애인의 행동을 기존의 지원으로 대응 할수 없는 경우 이를 충족하거나 해결하기 위해 새로운 대안을 찾아내야 함을 의미한다. 여기서 중요한 것은 교사가 얼마나 적극적이고 창의적으로 학생들에게 맞는 새로운 대안을 찾을 수 있는가이다. 학생의 도전적 행동이 심각할수록 지원자는 보다 창의적이고 적극적으로 대응방안과 해결책을 모색해야하며 다음과 같은 것들을 지원시 참고하도록 한다.

- 기존의 관행 또는 방식에 구애받지 않고 과감하게 새로운 시도를 해본다.
- 학생에게 이미 제공되고 있는 지원이 과연 정말 필요한 지원인지 다시 생각해본다.
- 때로는 교사가 제어할 수 있는 수준의 위험을 감수한다.
- 교사의 역할과 책임에 대한 기준과 평가를 보다 유연하게 적용할 필요가 있다.
- 조직(부서) 내부뿐 아니라 외부의 네트워크에서도 기존의 협력

관행에 얽매이지 않고, 학생에게 필요한 새로운 관계를 형성
하도록 한다.

핵심요소3:문제중심이 아니라 사람중심으로 접근한다.

도전적행동 지원에서는 친구들의 행동상의 문제 중심이 아니라
친구들 중심 즉 사람중심으로 접근해야 한다. 이를위해 집중해야
할 것은 당사자에 대한 관심과 당사자의 선호에 대한 파악, 당사자
에게 중요한 것이 무엇이고 무엇이 그들에게 도움이 되는지에 대
한 정보와 판단이다. 이를 위해서는 특정 문제를 없애거나 치료하
기위한 새로운 치료기법을 도입하는 것이 아니라 지원환경의 전반
적인 변화가 필요하다.

**핵심요소4:당사자가 의미있는 활동과 관계에 참여하도록 지원
한다.**

"의미 있는 행동과 관계"는 그 행동을 하거나 또는 그 관계에 참
여함으로 발달장애인이 경험하는 영역이 확대되는 행동 또는 관계
를 말한다. 발달장애인이 "의미 있는 행동과 관계"에 참여하면 일
상의 확대를 경험하고 이는 삶의 전반의 확대로 발전하게 된다. 따
라서 그들의 삶에서 "의미 있는 활동과 관계"가 무엇인지, 어떤 방
식으로 참여 할수 있는가를 찾고 시도하는 노력으로 도전적 행동
의 예방 및 감소의 효과를 볼 수 있다. 따라서 학생들이 보다 의미
있게 활동과 관계에 참여하도록 환경을 변화시켜야 한다.

학생에게 의미 있는 활동을 계획하고 이러한 활동 참여를 독려

하기 위해서는 다음과 같은 실천 노력이 필요하다.

1. 학생 개인의 학습 및 상호작용 스타일을 고려하여 집중적이고 효율적인 방식으로 조율하고 조직화 한다.

2. 학생의 활동계획은 노래에서 박자와 흐름이 있는 것 처럼 논리적이고, 전체적이며, 특징을 잡아서 조정한다.

3. 기록, 모니터링, 평가 및 피드백을 실시한다.

나가며

글을 정리하며 그동안 교회에서 만난 발달장애인들의 모습을 떠올려 봅니다. 그들의 도전적 행동은 사실 서툰 감정 표현이자 대화를 향한 간절한 시도였습니다. 왜 그때는 그 마음을 더 깊이 헤아리지 못했을까 하는 반성이 밀려옵니다. 마음을 이해하지 못한 채 마주하는 도전적 행동은 상호작용을 어렵게 만들고, 때로는 우리를 겁먹게 하여 도전적행동에 대해 외면하게 만듭니다. 하지만 당장 이해할 수 없다고 해서 그것이 틀린 것은 아닙니다. 그들의 표현방식을 인정하고 그들의 눈으로 세상을 보려 할 때, 비로소 해결의 실마리를 찾을 수 있습니다.

글에서 소개한 몇 가지 대응 매뉴얼이 우리 친구들에게 그대로 적용되기는 어렵습니다. 친구들마다 기질과 환경이 다르고, 그들을 대하는 교사 또한 저마다 다르기 때문입니다. 그러나 한가지 반드시 기억해야 할 것은 수년간 또는 십수년간 친구들을 곁에서 지켜본 교사들이야말로 그들을 가장 잘 아는 진정한 전문가라는 사실입니다.

우리가 전문가라는 정체성을 가지고 친구들의 행동에 대해 깊이 고민하며 기도할 때, 하나님께서 각 사람에게 꼭 맞는 지혜를 허락하시리라 믿습니다.

항상 가장 낮은 자리에서 묵묵히 헌신하는 발달장애인부서 교사들의 헌신에 감사합니다. 하나님의 뜨거운 사랑이 교사분들 가운데, 섬기시는 부서 가운데 가득 넘치기를 소원합니다.

부록 1. 도전적 행동 기능평가

(Questions About Behavior Function)

학생 이름		작성자	
작성한 날			
목표행동			

제시되는 각 상황에서 학생이 문제행동을 보이는 빈도에 해당하는 점수를 기록한다.
X=해당없음, ○=전혀 그렇지 않음, 1=가끔씩 발생함, 2=종종 발생함, 3=자주 발생함

1. 관심을 끌기 위해 행동을 보인다.
2. 학습상황 등 특정 상황에서 벗어나기 위해 행동을 보인다.
3. '자기자극'의 형태로 행동을 보인다.
4. 아픔을 느낄 때 행동을 보인다.
5. 좋아하는 장난감, 음식, 음료수와 같이 어떤 물건을 가지기 위해서 행동을 보인다.
6. 꾸중 듣고 싶어서 행동을 보인다.
7. 옷 입기, 양치질 등 어떤 과제를 수행하라고 했을 때 행동을 보인다.
8. 방안에 아무도 없이 혼자서도 행동을 보인다.
9. 학생이 아플 때 더 많이 행동을 보인다.
10. 학생에게서 어떤 물건을 제거하면 행동을 보인다.
11. 자신에게로 관심을 끌기 위해 행동을 보인다.
12. 특정 과제를 수행하기 싫어서 행동을 보인다.
13. 뭔가 할일이 없을 때 행동을 보인다.
14. 무엇인가 물리적(신체적)으로 귀찮을 때 행동을 보인다.
15. 학생이 원하는 물건을 당신이 가지고 있을 때 행동을 보인다.
16. 학생이 당신의 반응을 보고 싶어서 행동을 보인다.
17. 혼자 있고 싶어서 행동을 보인다.
18. 주변의 상황을 아랑곳하지 않고 심한 반복행동을 한다.
19. 신체적으로 불편할 때 행동을 보인다.
20. 학생이 원하는 물건을 다른 또래가 가지고 있을 때 행동을 보인다.
21. 학생이 행동을 보일 때, '여기 와서 나를 봐', '나를 바라봐'라고 말하는 것 같다.
22. 학생이 행동을 보일 때, '혼자 내버려 둬', '뭘 하라고 하지 마'라고 말하는 것 같다.
23. 혼자 있어도 그 행동을 즐기는 것 같다.
24. 학생이 아프다는 것을 행동으로 말하려는 것 같다.
25. 행동을 보일 때 장난감, 음식, 특정 물건을 달라고 말하는 것 같다.